U0949541

[美] 玛丽·凯·里琪 Mary Cay Ricci 著

Mindsets in the Classroom

可见的学习与思维教学

让教学对学生可见，让学习对教师可见

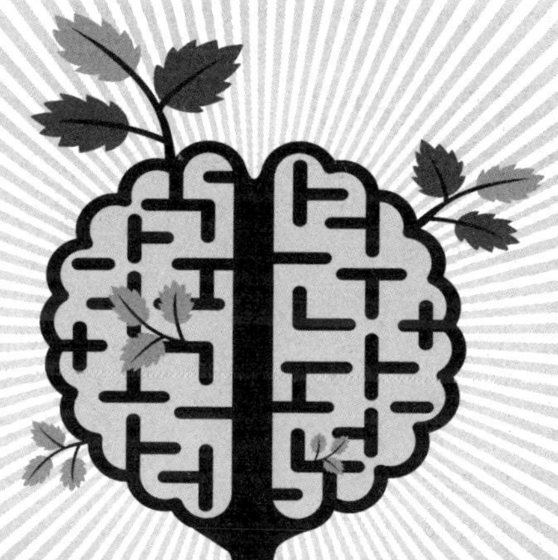

ilding a Culture of Success and Student Achievement in Schools

中国青年出版社
CHINA YOUTH PRESS
中青文传媒

图书在版编目（CIP）数据

可见的学习与思维教学：让教学对学生可见，让学习对教师可见 /
（美）玛丽·凯·里琪著；林文静译. —北京：中国青年出版社，2017.1
书名原文：Mindsets in the Classroom: Building a Culture of Success and Student Achievement in Schools
ISBN 978-7-5153-4500-0

Ⅰ.①可… Ⅱ.①玛… ②林… Ⅲ.①中小学－教学法－研究 Ⅳ.①G632.4

中国版本图书馆CIP数据核字（2016）第227157号

Mindsets in the Classroom: Building a Culture of Success and Student Achievement in Schools © 2013 by Taylor & Francis Group
All Rights Reserved. Authorized translation from the English language edition published by Routledge, a member of the Taylor & Francis Group, LLC.
Copies of this book sold without a Taylor & Francis sticker on the cover are unauthorized and illegal.
This edition is authorized for sale throughout Mainland of China.
Simplified Chinese translation copyright © 2017 by China Youth Press.
All rights reserved.
本书中文简体翻译版授权由中国青年出版社独家出版并限在中国大陆地区销售，未经出版者书面许可，不得以任何方式复制或发行本书的任何部分。
本书贴有Taylor & Francis公司防伪标签，无标签者不得销售。

可见的学习与思维教学：
让教学对学生可见，让学习对教师可见

作　　者：[美] 玛丽·凯·里琪
译　　者：林文静
责任编辑：周　红
美术编辑：张燕楠　李　甦
出　　版：中国青年出版社
发　　行：北京中青文文化传媒有限公司
电　　话：010-65511272 / 65516873
公司网址：www.cyb.com.cn
购书网址：zqwts.tmall.com
印　　刷：大厂回族自治县益利印刷有限公司
版　　次：2017年1月第1版
印　　次：2023年11月第17次印刷
开　　本：787mm × 1092mm　1/16
字　　数：118千字
印　　张：12
京权图字：01-2022-1589
书　　号：ISBN 978-7-5153-4500-0
定　　价：39.90元

版权声明

未经出版人事先书面许可，对本出版物的任何部分不得以任何方式或途径复制或传播，包括但不限于复印、录制、录音，或通过任何数据库、在线信息、数字化产品或可检索的系统。

中青版图书，版权所有，盗版必究

Mindsets in the Classroom
CONTENTS
目录

思维模式是什么？思维模式如何影响课堂？

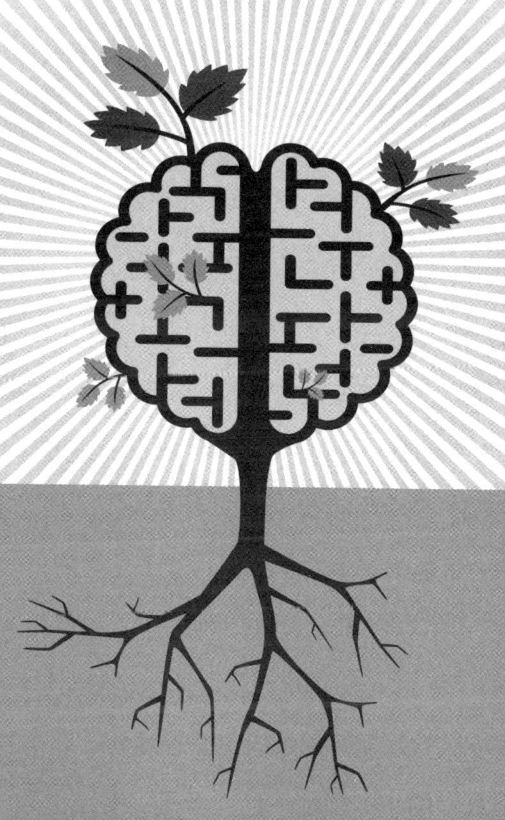

“看看她的卷子——她是个聪明的学生！”

开学第一个月，在一个三年级的班上，我正探访学生，了解他们先前有没有学习过关于大脑的相关知识。这所学校的学生贫困率达70%，大部分学生的英语并非他们的母语。当我围着课桌转悠，观察到一名学生将我刚刚听到的那句话抄写下来：“看看她的卷子——她是个聪明的学生！”这个骄傲的宣告来自他的一个同学。我向这位学生确认他和其他同学都很认真地完成了此项作业，他表示赞同，但又再次跟我说他的这位同学答卷最好。

我在这个课堂发现的，是固定型思维模式运作的一个深刻例子——一个八岁的小孩相信他的同学是“聪明的”，而且不管他付出多少努力，她的卷子总是更好。在这种情况下，这个小孩没有看到自己也可以是“聪明的”或完成班上“最好的答卷”之一。我当教育工作者和咨询师期间经常遇见这样的思维定式。这也是本书写作的目的——帮助更多教师、行政人员、父母以及学生（类似这个事件中的学生）意识到，他们可以改变自己对于课业成功与智力的思维定式。

什么是成长型思维模式和固定型思维模式？

相信智力可以锻造及发展并不是一个新概念。然而，关于大人和小孩的智力可以改变并成长的想法在近几年愈加流行，这要归功于斯坦福大学心理学教授卡罗尔·德韦克博士以及她于2006年出版的专著：《思维方式：新的成功心理学》。该书描述了各界成功人士——诸如运动员亚历克斯·罗德里格斯和约翰·麦肯罗，总裁格斯特纳·刘和肯·莱伊，教师玛瓦·柯林斯和雷夫·艾斯奎斯等——如何看待“成长型思维模式”和“固定型思维模式”这两个概念。德韦克的研究及关于固定型和成长型思维模式的理论的发展也促成了对学生学习及智力的思考方式的一个重要转变。

德韦克所描述的一个信念体系宣称智力是一种可锻造的品质，而且智力会发展，即一种成长型思维模式。带着成长型思维模式的学习者相信他们能够学习任何东西。可能得奋力争取，也可能会遭遇一些失败，但他们相信通过努力及毅力能够获得成功。

带着成长型思维模式的个体将重心放在学习上，而不是看起来聪明。带着成长型思维模式的教育工作者相信只要付出努力且学习勤奋，所有学生都能证明自己的显著成长，因此所有学生都应该得到挑战的机会。对这个信念的一点补充是，高效能的教师利用指导工具区分学习者的需求并做出回应，培养学习者的批判性思维过程，如此这般，将获得使学生学习达到最佳效果的秘诀。

成长型思维模式

即一个信念体系，认为通过坚持、努力及专心致志地学习，一个人的智力将得以成长或发展。

德韦克也介绍了关于智力的另一个信念体系，即智力是天生的，智力的层次不能被改变——这就是固定型思维模式。带着固定型思维模式的人可能真的相信他的智力、技能及才华先天注定。这个信念在连续性的两端都存在问题。对于那些天资聪颖或者认为自己不够聪明的学生，这变成了自我应验的预言。因为后者不相信自己能够成功，所以经常放弃或者不付出努力。对于那些学习水平高的学生，他们可能被“看起来聪明”所吞噬。他们可能在学校学习的时候没有真正付出努力，但却经常因为好成绩及过硬的技能而受到表扬。常见的情况是一个带着固定型思维模式的高水平学习者将开始避开她可能失败的情形，她有可能变成“风险抗拒型”。德韦克（2006）在她的书里举了网球明星约翰·麦肯罗的例子，指出带着固定型思维模式的人经常取得高成就，然而当他或她没能完成某项任务时总归咎于外在力量。

固定型思维模式

即一个信念体系，认为一个人有着先天注定的智力、技能或才华。

稍稍想一下你自己的思维方式。思维方式是指一套个人信念或一种思考的方式，影响着你的行为及对自己和他人的态度。教育工作者的思维方式直接影响学生对自己的感受，也影响着学生作为学习者如何看待自己。学生的思维方式直接影响他或她如何面对学业上的挑战。一个带着成长型思维模式的学生即使遇到阻碍也会坚持。一个带着固定型思维模式的学生可能轻易放弃或不能专注于学习过程。

固定型思维模式或成长型思维模式也会直接影响家庭激励。对于小孩如何看待自己，家长也有重大的影响，这并不令人感到意外。家长经常通过特定的镜头看待自己的孩子："约瑟夫天生就懂数学"，"多梅尼克总能够提出好问题"，"凯瑟琳懂得如何解读一部文学作品"。这些都是固定型思维模式的例子，尽管都是一些积极的评述。这些评述描述了这些孩子"是"谁，而不是讲述他们所付出的努力。教育工作者可以想想某些场合，当你听到家长这样描述他/她的孩子，往往会发现家长将孩子的弱点合理化："她跟我一样；我的数学也不好"或者"我能理解他为何阅读不在行；我从来都不喜欢阅读。"（第六章将会探讨如何帮助家

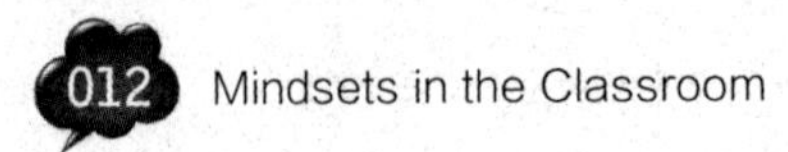

长接受成长型思维模式的观点和资源。)

转变思维方式

消除智力是固定不变的这一想法可能是个挑战，但有了恰当的思维基础，经过教育引导，思维方式可以一点点转变。期待思维方式立即转变并不现实；毕竟，一些教育工作者已带着固定型思维模式走过了大半生。即使一些人自称思维方式已经转变，他/她也得自觉地努力维持这个信念。

固定型思维模式带有弹性，它也会不断反弹。例如，一个具有双重特殊性的孩子（一个有天赋却有学习障碍的孩子）打电话和他母亲分享自己的大学课程表，他母亲碰巧是一位教育工作者。这位家长若干年前思维方式有了“转变”，而且自豪地告诉我她为了在家里营造成长型思维模式的文化所做的一切。她儿子的课程表包括早上8点的课程，而课程名称包括宏观经济学、国际经济学、会计学、媒体分析学、管理学。母亲注意到，掩藏在自己思维深处的固定型思维模式令她想尖叫：“你疯了吗？你这是安排自己走上失败之路！”但她没有这么做，她对儿子说：“听起来是一个很有挑战的课程表，但我知道如果坚持努力，你能够把握好的。”相信所有的孩子付出努力、坚持不懈、受到激励都能成功，这是成长型思维模式的核心思想。

基于大脑的研究

对于智力的想法有如此的转变，其中一个原因是现有科技对大脑的构成及功能的探知。最近的大脑研究否定了出生后智力便固定不变的观念。正式与非正式研究证明有了恰当的刺激因素，大脑是能够发展的。关于神经科学的其他近期研究强调了神经可塑性的概念。神经可塑性是指大脑在人的一生中的变化、适应及“改变”的能力。任何见证中风患者康复的人都等于近距离观察了神经的可塑性。在中风的病例中，大多数病人的大脑几乎都是即刻开始改变，这样的病人再次学会说话及活动。（然而，中风病人在治疗过程中需要付出艰苦的努力才能再次获得失去的能力。）神经可塑性通过两种方式达成：创造新的联接，消除不经常使用的联接。

神经可塑性

即在我们的整个生命过程中大脑变化、适应及自我“改变”的能力。

理解和相信神经可塑性是形成成长型思维模式这一信念的重要一环。马尔科姆·格拉德维尔，《局外人：成功的故事》一书的作者将神经可塑性的理念与学业成功联系起来，他探讨了一些学生在学业上处于不利位置只是因为他们在暑期没有机会和他们的同学在同一水平上学习。他分享了以下想法：

结果是暑期对贫困的孩子相当不利。有钱人家的孩子在暑期得到很多帮助。他们的家里有书和其他提升知识水平的事物；他们去夏令营，享受其他活动。但一个经济拮据的家庭没法这么做。为了改善这个情况，社会首先得提供这些。学年期间，贫困家庭的孩子实际上比有钱人家的孩子学得快。然后他们的学习在暑期被搁置了。

这是神经可塑性消除或削弱关联的一个例子——在这种情况下，对于暑期没法提供学业项目的家庭，神经可塑性的关联没能得以使用，而那些在暑期得到学业项目机会的孩子能够保证他们的学习。

我们现在知道了关于大脑神经学各个方面的更多知识，这不仅帮助我们了解学习、指导和动机，还告诉我们处理学习、指导和动机的方式，它直接影响了教师对学生的潜能与成就的信念与期待。正是当教育工作者和学生（以及他们的父母）了解大脑和它所有的潜能，并见证大脑对学习的影响，思维方式才开始转变（见第八章关于如何教学生了解大脑的讨论。）

智力以及对智力的测量

你的智商可能增加吗？密歇根大学与博恩大学合作进行了一项研究以验证智商增长的可能性。2008年进行的这项研究，要求参加者持续玩一个电脑记忆的游戏，其中涉及记忆视觉图案。每次出现一个不同的图案，参加者从他们的耳机听到字母表中的一个字母。当屏幕上出现的视觉图案，或当他们在耳机里听到的字母有重复的时候，他们得做出回应。重复的图案或字母间隔的时间越长，游戏变得越困难。研究者发现，当参加者通过训练将游戏做得越来越好，智商类型的测试分数就提高了。

这项研究以及其他类似研究有助于理解智力可塑性——成长型思维模式的一个关键因素以及许多教育工作者努力理解的一个概念。从总体上说，教育工作者在认知科学方面没有太多学术背景。最近我问了若干组教育工作者："认知能力测试和智商测试测量的都是什么？"大家回答这个问题时无一例外都有所犹疑；等待了足够多的思考时间之后，他们给出的一些答案颇为相似：测量的是"学生的能力"，"他们有多聪明"以及"他们固有的能力"。比起他们的回答，更令人惊讶的是，我观察到许多教师和行政人员无法回答这个问题。很多时候教育工作者处于这样的情形：他们得到一个学生的数据，这个数据经常包括有天赋和才能的学生在筛选过程中、特殊教育筛选过程中以及/或者智商测试中所得到的认知成绩。而这么多的教育工作者对这些评估实际上测量的是什么竟然一无所知？

认知能力测试测量的是已经发展的能力。因此，如果一个学生从未有机会发展自己的推理过程，这些评估出来的结论就不重要了。爱荷华大学的教育心理学教授、认知能力测试（CogAT）的共创者大卫·罗曼表明，能力通过校内外的经历得到发展。当家长和教育工作者检验这些“智力”成绩时，可能对孩子做出假设，而持有的信念可能正好限制了孩子的潜能。

潜能和努力的作用

潜能——多么好的一个词。所有的一切皆有可能。然而，“潜能”一词的惯常用法令我感到不舒服。想想这句话：“他没有努力发挥全部的潜能”或“我们将帮助你的孩子充分发挥自己的潜能”。潜能是如何变成“充分”的？它是可以在一张汇报卡上清点的么？潜能从未能够“充分”；它从未完结，我们的可能性是无限的。当一个人成长时，学习与经历变得更加复杂且有挑战性，成长持续进行，潜能从未触底，因为它不可能触底。或许许多人认为迈克尔·菲尔普斯在2008年获得第十枚奥运金牌时实现了他“充分”的潜能——他在2012年伦敦奥运会继续打破原先的成绩，又获得了八枚金牌。智力、才能、技术以及，没错，甚至运动能力都能够发展，相信这一点激发了这些无止境的可能性。

我们的潜能与生俱来。然而，我们可能在一个或多个具体的领域拥有内在的强项或能力。这些强项能够在许多方面展现。强项可以在体力上、创造力上、学术上、感知上展现——可能性是无止境的。每个孩子都有强项，而且有些孩子与他们的同伴相比生来就具有更多的具体强项。对于那些带有突出的具体强项的孩子或那些被认为有“天赋”的孩子，他们的强项应该得到进一步的发展。然而，其他孩子有潜能齐头并进或者甚至超越那些有内在能力的孩子，考虑到这一点也很重要。

想一想，有那么一次你花了更长的时间学习一项新技能。可能是学习某项要求身体力量协调的技能、学习弹奏乐器，学习使用新科技或者学习新的指导策略。接着，一旦你学会了这项新技能，它就变成了你的强项。可能不少人多年前就学会了这项技能，但你事实上还是超越了他们。作为一个成年人，你有动力、动机以及毅力下决心：达到这个目标对你而言是重要的。没人剥夺你学习的机会，没人跟你说对你而言“太难”，没人跟你说你“不适合这个群体”，没人设置障碍来妨碍你学习。

不过，我们的教育体系时常体现了以上提及的所有反面做法。我们的学校架构消除机会，传达的期待值低下，过早让学生离开挑战性的环境。如此束缚学生的潜能是有很多原因的，一个主要的障碍是我们以完成事情的速度来评判成人和学生。

我们的社会变得重视节奏。节奏越快越好。如果我们没能在两分钟内拿到中杯、无咖啡因、脱脂的热焦糖拿铁，我们就会气恼。如果我们的网速不够快，我们就会发牢骚或频繁愤怒地点击鼠标。我们前面的司机如果没有按我们期望的速度行驶，我们就会按喇叭或者大声埋怨。如果一位教育工作者在教室或学校描述一个聪明的孩子，我们可能听到他说这个孩子“快”，而说那些在阅读小组垫底的孩子“慢”。

我们得往后退一步，呼吸一下，然后意识到这与学生多快掌握知识无关，重要的是他们付出的坚持与努力。

为何思维方式在学校很重要

本书的主要目标是，开发方法推动学校就成长型思维模式达成共识落地生根。整所学校的职员——行政人员、教师和后勤以及家长都必须真正相信所有的学生都能成功。与此同时，学生们也得接受这个信念体系。回忆一下，本章开头的插曲——那个小男孩相信他的同学是最聪明的，但他有没有相信自己也能够成功？并没有，甚至当我鼓励他也没用。假如他切实相信所有的孩子都有潜能获得成功，你能够设想他的态度可能有所不同吗？

一切都与信念和期待有关。让孩子和大人都欢迎这个信念体系的一个非常有助益的方式是，学习大脑及其所有的可能性——这样能够对大脑有更多的了解。神经科学在过去几年发展迅猛，我们和学生对于大脑的学习对学生的努力和动机有着巨大的影响。

卡罗尔·德韦克对纽约市一所中学学习数学的学生进行了一项研究。当学生相信他们的智力是可锻造的并且了解了他们的大脑之后，他们表现出积极的进步。各项研究表明，许多学生入读中学时带着这样的想法，即我们与生俱来拥有一个特定的、一成不变的智力水平或一种固定型思维模式。在我的研究过程中也发现了类似的想法：华盛顿一所郊区学校正在改变学生的思维方式，但学生的反馈和采访表明，超过60%的学生升6年级时相信他们生来就带有具体的学业优势和弱点，而且他们对此无法改变。看到这个数据，我问自己，学生们是什么时候持有这种想法的？

这促使我进行自己的研究。我开始在幼儿园的班级里收集数据。秋季学期，我调查了幼儿园学生对智力的想法。我调查的两个班级——一个班级都是来自不同背景、家境贫困的学生，另一个班级主要是中产阶级家庭的学生——100%的孩子证明了成长型思维模式。他们来上幼儿园，认为自己能够学习并且取得成功。他们兴高采烈、充满希望，准备好汲取社会和学业上的知识！

手头上有这么乐观的数据，我转换到一年级的课堂，再次调查学生对智力的想法。在这个案例中，只有10%的学生展示了固定型思维模式。这些一年级学生大部分和幼儿园学生一样积极，只有少数几个例外，认为有些同学生来就比其他人聪明，而且认为我们真的没法让自己变得更聪明。接着是二年级。在二年级的课堂里，我发现18%的学生展示了固定型思维模式。你发现一个规律了吗？每升一个年级，会有更多的学生相信智力是个固定的特性：他们赞同这样的观点，即“有些人聪明，有些人不聪明”。但或许最令人惊讶的是二年级和三年级之间的巨大差异。我调查了三年级学生，有42%的学生持有固定型思维模式！表1展示了这些调研情况。

这些数据响亮而又清晰地传达了一个信息：我们得尽早与教育工作者和孩子们一起合作，让他们能够维持这样的信念体系，

表1　不同年级学生固定型和成长型思维模式比例的变化

年级	固定型思维模式	成长型思维模式
幼儿园	没有	100%
一年级	10%	90%
二年级	18%	82%
三年级	42%	58%

即所有的学生都能成功。我们的孩子在幼儿园开学的第一天走进教室准备学习，以一个五岁孩子能够激发的所有乐观相信自己。我们必须在他们升学的不同过程中启发并维持这样的思维方式。那么我们如何做到这一点呢？

如何着手建立
成长型思维模式的思维教学

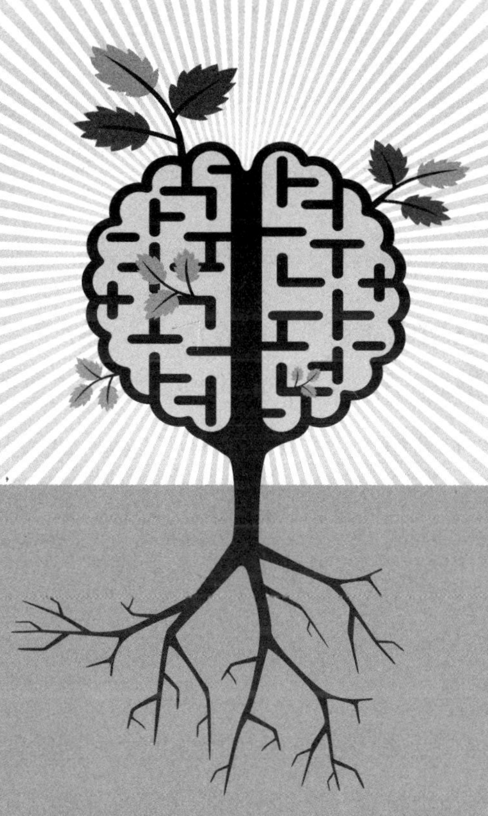

"即使学业很难，我也能够学习并变得更聪明。"

——四年级学生

在构建成长型思维模式这条路上，第一站是构建这样一个校园文化，即珍视智力的成长，并且在教职工中内化智力可以培养这一信念。理想地说，这个构建过程中，每个成年人必须努力秉持这样的思维方式，即相信付出努力、动机、毅力以及在正确的教育策略下，所有的学生都能取得巨大的成就。学校秘书、后勤、课堂助理以及教师和行政人员都应该致力于构建一个成长型思维模式的校园氛围。

学校全体员工的专业发展是实现这个目标的起始。首先判断教职员工在当前持有什么样的信念体系很重要。不管你是独自朝这个目标努力，还是以一个年级作为团队，或所有的教职员工共同参与，抑或整个学校体系为之服务，一开始就反思你自己对于智力持有的个人信念体系是重要的。关于专业发展的建议可以在下文中找到。除此之外，我研发了一套完整的培训计划供学校使用，详见附录A。

第一步：反思并预评估

在一系列的专业发展研讨会之前，我用图1的工作表让来自东海岸一个高度贫困的城市学区的老师们写下他们对智力的信念。

请分享你对智力的想法以及/或者当你准备成为老师你会如何教授学生智力知识。

我对智力的想法是：

____

____

____

____

____

完成后，请将这张工作表放进一个信封，在信封上写上你的名字和今天的日期。

这一年晚些时候，打开信封，看看你今天写的答案。思考近一年间你的答案是否有所变化。

图1 教师工作表（用来测定其关于学生智力的想法）

这些老师教的班级从学前班到高中都有，在教育经验上有了一个大的跨度。老师们的反应各不相同，展示了关于智力的许多不同观点。持有固定型思维模式的老师（他们需要改变关于智力的信念体系）的反应如下：

- “智力是你与生俱来（或天生就没有），而且是你不可改变的一部分。”
- “是内在且遗传的。”
- “人的一生中智力并没有改变多少，智商从八岁开始基本定型。”
- “智力是指学生在任何时间吸收、保存并转述信息的能力。”

作为一个咨询师，我把收集并分析这些答案作为预评估；目标是在一系列促进智力锻炼的工作坊之前捕捉他们的想法，然后让他们在一系列工作坊结束之后对同样的问题作出回答。（预评估也模拟了差异性教学计划中的第一步，这一点在本书后文中会讲得更全面些。）我发现约三分之一的老师证实了他们相信智力可以发展的思维方式，而约三分之二的老师持有智力固定不变的观念，与前述老师的回答类似。有趣的是他们所教的学生在年龄和年级方面没有存在一个模式，然而，一些经验较少的教师倾向于成长型思维模式，而有经验的教师持有固定型思维模式。（这个差异也可能是因为在他们完成教育学位的时候，也形成了当时流行的脑科学的观念。也许有经验的教师完成学位时，当时流行的主要是“钟型曲线”的脑力观念，这一点广泛应用于对教师的教育；这个理论声称总有学生没学好而且也只能学这些了。）

你们自己的学校也可以进行类似的过程来看看你们的老师对智力的感想。理想的话，教师应该反思并作以下回答："我对智力的信念是……"然后每个人将他们的答案放入一个信封，在一系列的职业发展培训之后，将他们当下的思维方式与最初的思维方式进行比较。

完成这些个人的思考之后，问教职工赞同还是不赞同从卡罗尔·德韦克的书中改写过来的以下论述：

- 我们的智力是我们根本的特征之一。
- 我们都能学习新事物，但我们不能真正改变自己的才智水平。

对回答进行评价，看看谁赞成或不赞成这些论述。倘若教育者被教导或培养成相信智力不能改变，那么他们可能赞成这两种论述。

第二步：养成大脑具可塑性的观念

一些教育者抵制这样的想法，即所有的学生能够达到高标准，而且天赋可以发展。如前所述，这很大一部分归因于教师和行政人员自己受教育的情况。许多高等院校教师准备项目会培养钟型的心智。未来的教师了解到一个典型的班级将包括"优秀"、"中等"及"差"生。情况始终如此吗？所有的学生都能掌握吗？学生能否都超出年级水平？不是每个人都是艾尔伯特·爱因斯坦、史蒂夫·乔布斯、奥普拉·温弗里或希拉里·克林顿，但这些人如果没有付出许多的努力和毅力，他们是不可能变得成功的。

用你从第一步收集来的数据，开始策划相应的方式来教育职工关于智力可塑性的理论。对一些教育者来说这是一种新的思维方式，知道这一点很重要，因此传递信息时要敏感些。记住，许多人相信智力是我们与生俱来、内在的恒久不变的特征。

交流这种思维的改变时可以做这样一个类比，即让教师想想牙疼是如何治疗的。五十年前，当有人牙疼时，怎么治疗？大部分人可能是把牙给拔了。现在因为牙科领域的不断学习突破以及新的科技可能性，有了更多的选择。给教育者举这样的例子是重要的，因为这样一来，他们也会理解培养智力的可能性，这就给了教育者一个“出路”。

在盖伊·川崎的专著中，他描述了两种人：

> 食客和烘焙师。食客想从现有的馅饼中得到更大一块；烘焙师想做出更大的馅饼。食客认为如果他们赢了，你就输了，而如果你赢了，他们输了。烘焙师认为每个人都能接受一个更大的馅饼。

如同烘焙师，班上没有“失败者”的话，全体学生也能赢。在这种情形下“更大的馅饼”是课堂上成长型思维模式的文化。

我的经验是一些教师了解到智力可以发展之后感到愧疚。在过去，这些教师根据感知的智力或以类似的理由来降低对一些学生的期待，在此基础上组合和教导学生。让教育者知道根据新的研究和科学的大脑研究，我们现在对于孩子和他们的潜能有了不同的了解，因此他们不用对过去的做法感到愧疚。相反，他们能够而且应该向前看——令成长型思维模式能够培养起来，并让之前固定不变的信念得以改变。

用你在预评估里了解到的信息，一起策划为期几个月的多种职业发展讨论。分享最近关于智力发展的研究、研究结果及教育内涵。是否使用德韦克的“固定型”和“成长型”术语完全取决于某个学校或体系。你也可以将这些观念描述为可锻造的、发展的或灵活的智力（成长），亦或静止的、固定的或停滞的智力（固定）。

有些学校选择采用校训的方式：“我们都能在和谐校园变得聪明”或“我们的努力是世界上最棒的”。职业发展最重要的方面是从概念上理解并交流智力并非停滞的内在特征的想法。这个想法是根据哪个具体的研究者、哪本书或哪项研究构建的并不重要。重要的是开始谈话！让教职员工思考这个概念的一种方式是问以下几个讨论题：

- 作为社会成员的我们相信或者证实了成长型思维模式吗？为什么？
- 个人生活或职业生涯中，在什么领域你持有一种固定型思维模式？为什么？

许多教师引用以下例子说明他们在一些领域对自己的弱点持

固定型思维模式，或认为一些领域“绝不可能擅长”，如科技、厨艺、理财、运动。教师分享了他们在某些领域可能抱有固定型思维模式之后，我提出这个问题：“如果你得到恰当的教导，如果你有时间、毅力和动力，你能成为一个更好的厨师、理财专员、棒球手么？”他们会回答“当然可以”。然后我问：“如果你想唱得像安德里亚·波切利或席琳·迪翁那样，你会怎么做？你可能能够达到或不能达到这个目标，但有了恰当的指导，足够的训练、努力以及动力，你能够成为一个更好的歌手吗？”他们可能会回答“是的”。我们大多数人在人生中的某些方面持有固定型思维模式，因此我们停留在从“我当然能做！”到“我绝对做不了！”这个区间。提供诸如此类的日常例子能够帮助教师更易于应用可塑性观念。

向教师介绍成长型思维模式的另一种方法是谈论一个人的情感会因为他的思考、态度以及行为而得以改变。安德里亚·威尔在《自然而然的幸福：情感健康的新途径》这本专著中指出，某些研究不仅表明智力可以发展，而且诸如幸福和移情的情绪也可以发展。同样，训练能提升歌手的声音质感、运动员的表现或者促进数学家的成长，训练也能帮一个人变得更加幸福。威尔是威斯康辛大学麦迪逊分校情感神经学实验室主任，他以理查德·达维逊组织的大脑研究为例，表明“没有平和的大脑细胞分子就没有平和的思想”。达维逊对马西尤·李卡德的大脑进行了扫描；李卡德是一个法国人，获得分子遗传学专业博士学位，后来变成一个佛教僧侣。达维逊基于收集的数据，给李卡德起了一个绰号——“世界上最幸福的人”。达维逊发现李卡德的左边前额皮质增加了活动，而这跟积极情绪相关。李卡德努力营造幸福，实践幸福，通过冥想消除消极情绪——请记住他现在是位佛教僧侣！这项研究证明幸福是可以通过实践与努力习得的。

2011年，霍恩基金会和学术会合作开发思维导图课程，关注对自己和他人关注力的发展。这个课程的一个组成部分是发展我们学生的乐观精神：“在神经形成学的帮助下，我们可以训练自己的大脑拥有一个乐观的视角。”在思维导图项目的一项研究里，学生自己汇报乐观精神及自我控制方面的进步，四年级和五年级有82%的学生汇报了一个比较积极的展望，81%的学生注意到自己学着如何使自己更加幸福，56%的学生表明完成这个项目之后他们试着更经常地帮助别人。

思维导图的资源（琼森校园微博，该校积极使用思维导图课程，在http://brain-childblog.com/category/mindup这个网站提供了许多如何直接和学生使用思维导图的例子）表明建议学生使用“自说自话”来练习积极的思考并与学生分享乐观主义实践的益处。做一个乐观的学习者对学生来说是有益的，因为这帮助他们准备好面对新的学习，对他们自己有能力做到感到乐观。还记得第一章对神经可塑性的讨论吗？是否因为大脑的神经可塑性让我们有能力变得更加幸福？这个概念许多教师都能理解，并能够重新应用于智力是可以发展的这个观点。

第三步：学会如何表扬学生

我们如何表扬学生？穿过任何一所校园，你几乎都能听到老师表扬学生的成功、行为或态度。如果我们走在成长型思维模式的校园文化的道路上，教育者必须更加懂得表扬学生的方式。关于表扬努力而不是结果的价值，卡罗尔·德韦克和她的同事展示了充分的证据。德韦克通过她的研究发现，那些相信智力是与生俱来且不能改变的学生过度关注让自己看起来聪明。对一些有天赋且能力强的学生来说尤其如此。

因此，诸如“你看起来好聪明”的表扬对那些认为智力固定不变的学生来说毫无裨益。说“你真聪明”相当于说“你真高”——孩子如何对待高个儿？这属于孩子无法控制的遗传基因。这两种表扬都没有考虑到孩子付出的行动。什么努力都没得到认可。当大人表扬孩子“是什么”，比如高个儿或聪明，孩子们会将他们的成就归因于他们与生俱来的某个固定特征。当大人表扬孩子“付出”的行动或“完成”的任务，孩子会将成就归因于自己的努力。而这往往只是在已有的表扬上加几个词而已。譬如，如果一个教师说“你的试卷完成得很好”，她可以补充说：“我可以看出你学习非常地努力。”将表扬“努力”的词汇添加到已有的表扬陈述中传达了成长型思维模式的信息。大人们也必须意识到他们传达给学生的非口头表达讯息。抱臂、板着脸、沉重的叹气或者翻白眼，这些都没有传达成长型思维模式的讯息，不管这个人说了些什么。

一些有天赋且能力强的学生认为付出努力是软弱的标志，注意到这一点是很重要的。如果他们一直被告知他们是有天赋且聪明的，他们会认为学习对他们来说很容易；因此，他们会觉得如果你得认真工作，那你肯定不聪明。大卫·素萨是《有天赋的大脑是如何学习的》一书的作者，他发现“那些因为智力而被夸奖的孩子重视表现，而那些因为努力和勤学而被表扬的孩子珍视学习的机会”。

第四步：教师接受关于大脑的教育

我很少碰到修过与大脑有关的课程或了解大脑及其对于学习的意义的教育工作者。这把我们拉回到让教育工作者思考的第一个问题：“智力是什么？”许多教育工作者认为他们对大脑的了解足够多，他们可能认为有些孩子的大脑更加“敏捷”，有些则较为“迟钝”。事实上神经科学是这样一个领域，它不断变化，与所有的研究一样与时俱进。尽管神经科学这个领域很复杂，但师生对于大脑基本概念的理解既简单又重要。

一言概之，当你学习新事物时，神经元产生新的关联。这些关联随着实践和努力变得更加强大。关联越多，你的大脑神经越稠密。大脑密度越高，你越聪明。（因此，如果你曾经因为愚钝被指责，这是好事！）这些神经关联或路径每用一次都会变得更强大，教育工作者对此应该有一个清晰的理解。你可以想象崭新的学习经验如同被一根细线连接起来的神经元。每当新的学识得到训练及应用时，这根细线就会变得越来越强大，直到这项学习被掌握。这时，原本那根微弱、细小的线有着粗绳般的力量。为了加强学生的这些神经关联，教师持续把先前的知识和经验联系起来，这一点很重要。在一个学习过程中，神经路径得以发展和增强，那么大脑就会产生更多的物理变化。（在第八章你可以找到给学生的学习任务范例。）

教育工作者和学生必须意识到一个新的神经路径如同初次穿过一片未被探索的森林。某条道路走得越频繁，挡道的障碍和关卡就越少。最终产生一条干净的道路。这条新的道路意味着对刚教过的内容有了清晰的理解。

第五步：教授学生有关大脑的知识

神经科学在小学和初中并非是一个主要学科，高中的科学课上也不常见，除了生物课上花费一个章节或一个单元的篇幅作介绍。那么教育工作者如何找时间教授学生关于大脑的知识？最重要的是意识到这不仅仅是教几节课的事。这是一个必须再次回顾并随着时间不断建构的领域。教师需要向学生介绍并清楚地教导他们智力可塑性这一概念，然后不时回顾，这样学生就会意识到智力并非是一个固定的数字、试卷上的一个分数或一份成绩单。学生必须理解智力在努力、毅力及动机的基础上不断变化。他们很快将意识到如果运用智力，它就增长，如果不用它，它就衰退。

现在出现了越来越多关于神经科学教育重要性的研究。2012年，马歇尔和科莫里发表了他们的研究成果，在《早期教育和发展》这份期刊上刊登了《孩子对大脑功能的观念转变：在早期初级教育环境教授神经科学的意义》。他们的论文包括两个部分的研究，针对4到14岁的儿童。第一部分研究的目标是确定这些儿童已经了解大脑的知识。结果表明大多数孩子认为大脑的功能仅限于智力活动。换言之，他们认为大脑仅仅用来思考。基于这些结果进行的第二部分研究证明甚至利用一小节课的讲解就可以纠正对于大脑功能的狭隘观念。在这个案例中，研究人员设计课程教导孩子了解大脑与他们的五官、体力活动以及日常行为都有更广泛的联系。这项研究发现，即使是开展简短的课堂教学，也可以明显使一年级的学生更加明白大脑和感官的关联，而不再坚持“我的大脑仅供我思考”这样狭隘的观念。

第六步：与家长一起探讨

在过去几年，我为教育工作者以及家长举办了许多关于智力可塑性以及成长型思维模式的工作坊。每当我跟许多家长探讨成长型思维模式的重要性，而不是以感知的智力这样的视角看待他们的孩子，这为他们敲响了警钟。这些家长工作坊结束时，我用一些时间让家长反思他们刚刚听到的内容。我让他们记下当时的想法以及他们的计划。许多家长都反思了他们对自己孩子说话的方式。譬如，有一位家长作了如下分享：

> 我打算从明天早上的“早高峰”开始做一些改变。我不说“你太慢了”或“你真是个慢吞吞的懒汉”，而是说“我真的喜欢你争取按时上学的样子”。我得做很多改变。

而且有趣的是，我注意到几乎每一个工作坊都会有家长问：“呃，老师都知道这个么？”家长可以在第八章了解到更多的内容。

最后一步：督察、评估或审视构建成果

如果你已经花了很多时间来培养和建构一个成长型思维模式的理念体系，那么现在应当评估你、你的学校或者你所在学区的构建成果。你如何监督并确保参加构建的人员每一天都切实朝这个目标努力呢？一种方式是“找一找”——你在教学楼的任何教室走动以观察学生和教师的行为。（在第九章可以找到“找一找”的范例。）另外一个选择是利用职业学习教研组。这些学习小组应该集中讨论迈向成长型思维模式教学的进程。在网上设置提醒，这样关于神经科学中的教育和成长型思维模式的新文章或研究成果一发布，学习小组的组长们就会注意到。学习小组应选用一些相关专业书籍作为教学研究或者读书俱乐部的选读书目。一起思考这些阅读材料能够帮助组员改变他们的思维方式。

想一想这些学生是如何被分配到各个教学小组和班级的。当前学生分班体系是否有助于校园成长型思维模式的形成？以下

是一位即将入读九年级的学生的家长和将接收该生的英语教研组组长之间的电子邮件往来。请以成长型思维模式的视角来阅读这些邮件。（为了保护有过失的一方，名字和具体的细节有改动或省略。）

敬爱的英语教研组组长：

我们的女儿爱玛明年将入读大山高中了，我们为此感到激动。我们打算与你分享一些她对文学感兴趣的信息。当爱玛读八年级的时候，她对文学的热爱达到了极致！这部分是因为这一年她对文学有了很棒的体验。我们看到爱玛对她读的每本书里的象征主义都挖掘得很深入——她提问、解读、分析每个人物的话语和行动以及伏笔，并且想与人讨论她所读的每一本书。在过去的几个月，她的写作有了很大的提高。爱玛对文学新发现的激情，令我们为此感到兴奋。标准化考试并没有反映出学生在阅读领域有意义的解读过程中涌现出来的如此浓厚的兴趣、动机以及成就。我们想，应该采取什么步骤让她能够分配到新生水平的优等文学班。这一年她的阅读成绩都是A。

爱玛在文学领域采用了一个强大的成长型思维模式，而且她强烈感到自己能够成功地就读于优等文学班。我们显然不想看到这样的成长和激情在她身上因受挫而衰减。请告诉我们达成这个请求需要什么样的程序。非常感谢您花时间阅读此信，期待您的回复。

诚挚的，

M夫妇

给父母的回信。

亲爱的M夫妇：

谢谢你们近期为你们的女儿爱玛变更班级咨询可行性。分班一般是教研组组长决定的，也有些情况下是和学校其他职员协商后决定。分班基于候选人分班测试的结果。我们确实也考虑候选人在英语和阅读方面的分数（当一个候选人处于我们取舍标准的上限），但考虑到学生来自不同的地区、准备的水平各有不同，分班测试分数确实为我们提供了最好的方式来为入学的学生分班。优等班的取舍点是：75分（口语技能）、75分（阅读）。你女儿的分数远远低于最低取舍点。我们有很多学生的分数高于这个标准，请理解这一点。你们提到她这一年的阅读都拿到A，而且这个兴趣也只是在八年级的时候产生，这让我们质疑你女儿是否已经准备充分。

尽管我理解你们不想看到她最近在文学方面的兴趣消退，我想强调我们新生标准班的英语课足以挑战我们的学生。她将会在这一年的新生英语标准班接受挑战，我们也能够填补漏洞，给她提供机会来发展强化批判性阅读和分析性写作的基础。如果她这一年在大学预备新生英语标准班获得A的成绩，那么她就能升到二年级的优等英语班。

最好的问候，

英语教研组

首先，好消息是教研组的回复回答了那对父母在来信中提出的大多数疑问。爱玛的父母咨询具体分班的过程，回复的意思是基本上没有这样的过程。从技术层面说，学校的回复是一份仔细思考、写得不错的信件。然而，以成长型思维模式的视角来读这封信可能需要深呼吸。我读这封信的时候是这样。许多学校所有年级都发生过这样的把关。爱玛证明自己的积极性、动机及意愿来挑战优等生水平的课程。教研组则展示了一种固定型思维模式，即基于这个孩子一生中某个早上的一次多内容分级考试而认为她没有内在的能力来应对优等生水平的课程。如果你进一步分析这个回复，它也向父母指出这个小孩远远“低于”他们的“取舍点”。（给父母的信息是：“你们的孩子不聪明。”）如果你们的分班甚至容许“取舍”这样的词汇，那么分班过程对成长型思维模式的文化并非真正有所助益。再次看看这个回复，注意其他的表述。事实上把即将入读的学生称为“候选人”也传递一个信息。“候选人”的同义词包括竞争者、被提名者以及比赛选手；那个小孩只是想读一个优等班，又不是参加政治竞选。而且不让这个孩子选这门课的决定在见到孩子本人之前就做了出来。如果学校或教师因为考试成绩不让孩子选优等班课程，也许可以先邀请这个孩子来非正式地讨论她读过的一本书、评估一下她的动机，这是可能发生的恰当的中间步骤。而信中这种情形正好是关于把关及固定型思维模式的一个很明了的例子。

与教师分享以上的交流或者类似的例子事实上是与你的团队或教师开启关于信念和学校政策的深度讨论的一个有效方式。有些教育工作者可能不觉得以上的决定有何错误。如果情况如此，让他们通过固定或成长型思维模式再次审视这个案例。这给孩子传递了什么信息？如果一个学生有动机、毅力和意愿来付出努力，她是否应该有机会加入你们学校或学区更高水平的班级？督察教师如何与学生互动并交流成长型思维模式只是整个过程的一部分。评估校园或学区现有的教学实践和政策也是势在必行的。

那么当爱玛被优等班拒之门外，她会怎么样？令人伤心的是爱玛不再对文学那么富有激情。这种情况的发生可能有若干缘由：第一是她所在的英语班没有同学能与她分享文学的乐趣。解读性讨论不够，差异性就不会产生，而且她也开始认为可能英语毕竟不是她所擅长的。另外一个缘由是没有有效的班级管理，教学时间被用来让学生排好队，准备学习。尽管她遇见的是一位很有潜能的一年级教师，管理仍然不是强项。新生的英语课覆盖了部分内容，但教学缺乏深度。写作不是按照学生的长处和需求来教学的，当家长咨询具体的写作指导，被告知（同一个英语班）学生入学时就应该知道如何写作。

至此足以说明由于学校或教育者的固定型思维模式以及把关的做法，令一个准备好迎接挑战、获得成功的小孩现在不相信自己能够做到。如果爱玛所在学校的政策制定者受过教育，而且相信神经科学研究证明的大脑的可塑性以及激励的价值，或许爱玛能够发展她对文学的热爱，也可能成为未来某部伟大美国小说的作者。

成长型思维教学对差异化、回应式课堂如此重要

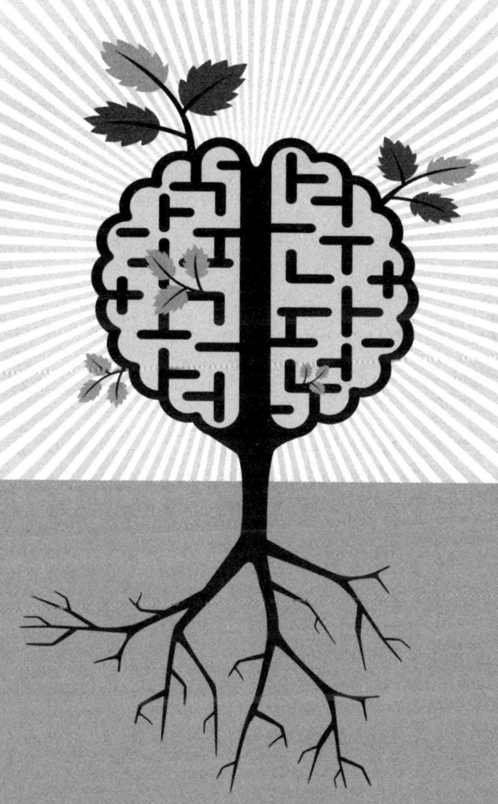

“我的大脑一天比一天聪明。”

——一年级学生

一个教师的思维方式很大程度上促成他或她对学生需求的回应。如果一个教育工作者只看到一个学生的不足与缺陷，那么这个孩子不会得到机会成长，除非她是在一个回应式的课堂上。只看不足的思维方式是指根据已知的不足或者种族、低收入水平、英语习得或者其他各种因素来推断一个孩子的能力。重视因材施教的教育工作者必须非常清楚自己对学生智力深信不疑的信念。我想论证的是如果一个教育工作者不能真正相信智力可以发展，那么一个有效的、因材施教的回应式课堂不可能得以策划并实践。因材施教是一种回应式教学。问五位教师“因材施教”对他们意味着什么，你可能得到五个不同的答案。简单说，因材施教是教师回应学生需求的方式。

因材施教

即教师回应学生需求的方式，这样每个学生在合适的水平都能接受挑战。

让我们假设你拥有成长型思维模式，你想对所有学生的潜能都有所回应。你知道如何有效地因材施教或回应学生的需求吗？你准备以什么样的教学方式来确保一个回应式的学习环境？这似乎是许多教师面对的困境。我们再次发现许多教师获得了教师学位，但从未上过一堂践行因材施教或回应式教学的课。这一章的重点是描述必要的步骤来建设一个因材施教、回应式的课堂。

预习和预评估

因材施教的最初阶段涉及在备课前预评估或了解学生对某一个具体技能、概念或话题知道多少。预评估是创造因材施教课堂的第一步。

过去预评估曾在某一个科目使用多年。猜猜是哪个科目？拼写！以前的做法是：学生在周一有个拼写预测试，然后在周五有个拼写后测试。在拼写预测试显示的一系列成绩的基础上，教师的教学方式发生了什么变化？在有些班级里，教师让学生学习不同的单词进行拼写，这些词可能是从他们自己的作文中找出来的。

在其他班级，周一预测试懂的单词越多的学生，得到的“奖励”是更多的单词！因此这些很棒的拼写者必须学30个词而不是20个词！（顺便说一句，这么做不好。）其他时候，学生只是做预测试，不管测试显示他们对单词的掌握达到什么水平，整个班级一个星期都做同样的拼写活动，到了周五又都参加统一的考试。这个困境表明因材施教和回应式课堂不仅仅是做预评估，而且要对预评估的结果有所回应。

预评估

即设计教学之前了解学生对于某一个技能、概念或话题知道多少。

预习内容

了解并尊重学生带到课堂的东西是重要的。然而，在开发你自己的预评估或使用一个已经设计好的预评估之前必须有一个重要的初期阶段。你得让学生有机会“预习”评估的内容。我知道你们有人会想：“如果我这么做的话，那评估就太简单了”或“这不是作弊么！”不是。事实上，预习给学生提供了一个机会激活他们的背景知识以及预评估前所学的知识，这样预评估的结果将会更好反映学生所理解的东西。想象一下你准备坐下来读一本新书。5到10分钟后，你读到了故事线索，你的内心有所触动，于是你想自己也许以前读过这本书。你开始觉得自己对这本书很熟悉，只是对书名一点印象都没有。或者你也许曾经在图书馆或书店拿起这本书，读了封面背后的简介，之后你想起自己读过这本书。那个简介激活了你的背景知识；它触发了你的记忆，相当于读这本书的预习。就在那时你发出一声“啊哈”，更好地回想起这本书的内容。

预习时间不能太长：少于等于五分钟就足以激活学生先前的知识。预习可以是简单地告诉学生：“今天我想看看你们对约整数了解多少。让我先给你们展示几个约整数。”然后，开始在黑板上举例子。在预评估时，“约”这个词可能大家不熟悉也不能触发学生先前学过的知识，但快速热身之后，许多学生会想起这个概念并且准备好展示他们对约整数的了解。其他预习的办法包括问问题、看短片、解读一张图片、听一首诗歌或一个短篇故事后开展讨论。只要能够触发学生学过的有关某个话题的知识，任何的预习设计都可以。有趣的是，有时对于有些学生来说他们学习一个新技能或概念所需要的可能就是预习。

有一个六年级英语老师，她很清楚预评估前的预习所带来的影响。她为六年级的两个不同英语班级准备一个关于比喻的预评估。她给其中一个班级播放一段在网上找到的三分钟动画片。这个视频在预评估前播放，然后复习比喻常用的手法：明喻、暗喻、拟人。看完视频之后，她让学生完成一个笔试，要求学生辨认比喻手法，然后举出关于比喻的各种例子。她给两个班级做同样的预评估，但只给一个班级做了材料的预习。结果表明预评估前做过材料预习的学生，有更高水平的理解。事实上，做过预习的班级几乎一半以上的学生在预评估中表现出完全的理解。可能有些学生通过三分钟的短片了解了明喻、暗喻和拟人，但对于大多数学生，预习帮助他们“唤醒”先前学过的知识。

发展预评估

预评估的有效使用对于确保学生和教师以成长型思维模式工作学习是必要的，大家都相信努力是决定成功的最重要品质。没有预评估，有些学生就不能形成好的学习品质，因为他们认为正在“学”已经理解的内容。在教学过程中，形成性评估能够用来确认学生的差异，预评估的作用是发现学生在教学前后的差异。（许多教师教完一个单元发现了针对高能力学生的不同教学方法。）教学前后的差异让教师得以准备更丰富的材料，同时在一个单元学习的伊始给学生提供一个机会，让学生在所学话题内加快学习进程。预评估尊重了学生的时间及先前学会的知识。

决定使用哪一种方式预评估取决于评估的内容。预评估不一定总是笔试。譬如，在小学，你可能让学生做具体的数学题，或者通过开展一个安排好的讨论，从教师笔记或讨论记录来捕捉学生的理解力。如果你想评估他们关于测量的知识，给他们一把尺子看看他们能够做什么。为了了解学生对作者观点的判断，教师可以和各个小组会面，经过一个指导性讨论，记下与理解概念相关的想法。在这些情形中，教师都得做观察记录来捕捉学生从具体到抽象的一系列理解力水平。

如果选择笔试做预评估，思考如何开发评估工具以更好捕捉对技术、概念和内容的理解，这一点很重要。《差异性和大脑：神经科学如何支持学习式课堂》一书强调了开发预评估时提供各种发言和表达方式的重要性。在合适的时候确保指令里包括词语和图片，而且教师大声读出指令。学生也应该有机会以不同的方式交流他们的理解。不要在一次预评估中加入太多的技能或概念。譬如，每一个数学话题或者单元可以有自己的预评估；对整个学年或学期的内容进行预评估是不恰当的。此外，如何对所有这些概念和技能进行预习呢？

理想的话，预评估应该设置于课程当中，这样教师就不用每教一个新的话题或者单元就得衍生预评估，这样他们也能够使自己的课堂与学校步调一致。许多州的共同核心州标准正处于变革阶段，这正是一个理想的时间来执行关于预评估的设置。不管谁设置预评估，在预评估的开发阶段应该考虑以下几点：

1. 预评估必须只能测量对具体被评估领域的理解力。换言之，如果评估一个小孩对美国历史的理解或者一个学生对莎士比亚的了解，那么这时不能考虑拼写、语法和标点。拼写、语法和标点跟一个学生对历史或莎士比亚的理解没有关系。只有当你具体评估拼写、语法或标点时，你才能考虑评估结果体现出的这些错误。

2. 一次预评估应该包括对技能、话题或概念的应用，而且至少有一项评估高于一般水平或者超出现有水平。你会惊讶有些学生的理解多么深远。

3. 设定一个预评估时使用不同的形式，允许学生通过由认出一个例子到举出一个例子来证明自己的理解力。在同一个预评估中形式可以有所变化，如多选题、引用例子、填空、问答题、完成一个图表以及/或者思维导图，这里只是举个例子。不要只用判断对错的方式，也不要只用其他对错皆能猜对一半的方式，对于数学概念，可以通过这两种方式来评估。

4. 使用有效的问题。“天空中有哪一种星系？”就是一个例子；这个问题出现在考察学生对太阳系的理解的一个预评估中。（教师会说“银河”，但“火星”也可以。）这个问题的弊端是没能真正反馈给教师信息。我可能知道银河在天上，但并不知道银河是什么。测量理解的一种更好的方式是：“银河是一种星系，里面包括我们的太阳系。将你所了解的银河与大家分享。”

5. 如果对阅读没有评估，那么对学生作朗读预评估。朗读预评估相当于那些阅读能力还不强的学生的游乐场。他们能够展示自己对内容的理解，而无需为误读指令或者不懂得一个词或短语而担心。

关于开发数学预评估的指导方针见图2。尽管这些指导方

开发数学预评估的指导方针

1. 预评估必须只能测量对具体被评估话题或单元的理解，其中包括对计算步骤以及概念性理解的测量。
2. 在教师资源中表明教师应当大声朗读预评估的指令，这样所有的学生都理解他们需要做什么。（一个阅读能力差的学生不应该由于他或她不能读指令而在数学方面受到惩罚。）
3. 在预评估之前，教师给学生读几个句子。这也有助于框定预评估的目的。（如，“今天我想看看你们对分数了解多少。这个任务不会计入成绩，但你们尽力做到最好很重要。”）
4. 深入。一次数学预评估不仅仅关于计算。一个预评估应该包括对数学技能或者概念的应用。
5. 可能的话，一次数学预评估应该让学生充分表达相关概念之间的关系。
6. 使用不同的形式做一个预评估，允许学生展示自己从解决一个问题到发展一个问题的理解力。避免对错判断题、多选题以及其他学生能够猜到答案的方式。
7. 至少使用两种方式对每个数学技能或概念进行评估。
8. 同一个话题包括超出年级水平的评估题。

图2　开发数学预评估的指导方针

针是为数学预评估制定的，但它们也可以应用到其他学科当中。教师应该避免在同一天针对同一个话题、技能、步骤或者概念进行预评估和教学。注意不能将预评估计入学生的成绩，这对于让学生明确完成任务的目的是很重要的。让学生知道他们分享的信息将帮助教师决定采用什么方法教他们。他们要尽力完成，但也要意识到预评估的成绩不会写进成绩单，这一点很重要。有一位一年级的教师汇报说有些学生做完预评估就哭了，这是因为这位教师没有恰当地框定任务，于是学生感到沮丧，担忧自己所学甚少。

当开始评价学生预评估的结果时，你的另一个考虑重点是如何分析结果。预评估并非一个要么肯定一切、要么否定一切的测试途径，而是考察对一些随机选择的学生具体需求没有作出回应的百分比。因此，如果就此说所有学生的评估结果都达到85%或更高的比例，就说他们都准备好学习新内容，这是不恰当的，而且也没有对学生的需求做出回应。随机选出的数字85%并没有告诉我们学生的具体强项以及他们的需求。预评估的目的在于发现学生中谁理解了部分内容，谁理解了全部内容，然后弄清楚他们之间的差距在哪里，如何备课教这些学生。当学生在预评估中展示了部分理解，注意必须指出具体的领域。做一个表格，在当中列出所有评估的目标以及所有学生的名字，这么做是有帮助的。教师可以用颜色代码，使用一个核对体系或者每个目标都给出评分点。这些将有助于形成灵活的学习小组，而且甚至在教学之前，教师的教学计划就把学生的需求考虑了进去。如果可以在学校体系中重点开发预评估会更好，可以开发一个电子工具来捕捉学生在预评估中的表现，或者允许教师输入数据，推荐那些需要重新回顾的学习领域，可以填补的学习内容差距，最重要的是可以确定删除哪些教学内容，换言之，让课程变得更加紧凑。

课程紧凑

课程紧凑这一理念最初是约瑟夫·任祖里和琳达·史密斯在许多年前提出的。有趣的是很少有教师知道这个相对“古老”的策略。当我准备教授研究生关于因材施教的话题时，我总是发出一份电子预评估，试着测量学生开始上课前对这门课的理解。评估结果有助于我根据整个班级的整体需求调整教学进度。每次我分析评估结果必定发现学生最大的需求是课程紧凑。大多数人甚至不知道课程紧凑是什么，知道这一概念的研究生却不知道如何执行。

课程紧凑是一种教学策略，通过删减学生先前学过的知识使得年级课程简单化。想一想垃圾压缩机如何运作：它收入大量的垃圾，将垃圾压缩为一点点。现在思考一下课程（我根本没有将课程比作垃圾的意思！）：对有些学生而言，跨度很大的课程可以用更少的时间教，而且有些学生不用学某些课程。课程紧凑为学生赢得更多的时间，使之在内容方面学得更深入、更广泛，或者跳级学习。

你的班上是否每一位学生都需要同样的时间阅读或讨论一本小说？理解或应用一个数学步骤？教育工作者必须乐意为那些已经准备好继续往下学的学生压缩课程。那么，我们如何知道他们已经准备好了？

课程紧凑

即一种教学策略，通过删减学生先前学过的知识使得年级课程简单化。

预评估在确定怎样令课程紧凑的关键人物方面起了主要作用。课堂上学生其他方面的表现也给我们线索。譬如，如果有一位学生对某一领域的学习表现出极大的兴趣和动机，那么我们就知道可以让他或她更深入理解那些概念。譬如，史密斯先生对学生关于二战的知识进行预习和预评估，若干学生证实自己对历史上的这段时间有种很强的概念性理解。然而，史密斯先生对一位叫帕崔克的学生不是很确定。尽管帕崔克的预评估结果清楚地证明他对该话题的一些背景知识有了解，但这还不足以决定他是否需要压缩课程。史密斯先生决定上课前用几分钟的时间和这位学生讨论二战。几分钟后，他从帕崔克身上清楚地了解到他对该话题强烈的兴趣。学生表明自己对这个科目知识的渴望，问了史密斯先生很不错的问题。这次交流，加上预评估，给了史密斯先生他所需要的数据来确定必须将帕崔克列入这个单元学习的课程紧凑小组。

其他表明课程紧凑需求的行为包括学生不断提前并正确地完成功课，以及学生表达了自己对更高层次话题感兴趣。需要课程紧凑的另外一个线索在一些学生当中显现，他们常常在班上走神。许多学生分神是因为他们有时间这么做。换言之，他们已经完成了自己的功课，然后用一些较没有生产性的行为填充自己的时间。

任祖里、史密斯和瑞思开发了一个工具来帮助教师准备课程的压缩。他们的压缩工具给教师提供了一个机会来定义教学效果，然后决定并记录学生中谁全部掌握、谁部分掌握了知识，以及给那些需要的学生提供重新测试的选择。当教师开始进行课堂压缩，压缩工具可以作为教师一个有用的概念性工具，但有一个例外——压缩器的第三栏标题为“加速和/或丰富教学”。教育工作者解读“教学”这个词的时候需要小心。这个可选的机会是关于教学而不是活动。压缩课程之后学生能够得到什么替代教学呢？一般来说，作为所谓的“因材施教”的方式，往往给学生工作表或者一项额外的“活动”来完成。而学生准备就绪时，教学是他们所需要的，并不是一份学习表、独立的活动或者更多类似的作业。

灵活分组

课堂上灵活分组的时候，预评估和课程紧凑是必要的组成部分。预评估之后，教师有可能会发现没有学生需要压缩课程，所有学生都能够理解他们将受益于课时的减少及材料的删减；教师也考虑有些学生对某话题有如此深入的理解，没有什么空缺供他们填补，他们不需要压缩课程，他们只需要继续往前学。尽管各州共同核心教育标准对学习的规定更加深入，那些已经掌握知识的学生在他们加快学习更高一级的内容之前，考虑给他们稍微加餐是重要的。加餐将确保学生跳级学习的时机不会过早。稍微加餐的意思是：多教一小部分的知识。连续几天复习并以新的方式丰富已经掌握的材料并没有给学生提供恰当的挑战，也没有尊重学生先前的知识。

在不同的内容领域保持灵活的分组是因材施教、成长型思维模式班级文化的基本组成部分。传统意义上，小学课堂只包括灵活的阅读小组。或许这些小组之间的互动不是非常灵活，但大多数小学课堂有若干阅读小组。为何只有阅读才分组？为何往往只有小学才设置分组？学生在数学方面也存在不同的水平，然而许多课堂以班级为整体教数学。一旦学生开始初中和高中的学习，有个假想是他们已经“分组”了。或许某个学校提供在阅读或数学方面的优等班或补习班。惯常的推论是因为已经分级了，在一个班级里再次分组不好。事实是这些班级存在一系列差异，差异性灵活分组应该是班级的一个重要原则。让我们回到这个信念，即小孩能变得更加聪明。如果一个班级的所有学生都以同样的水平教学，还有什么机会能够挑战那些已经准备好迎接一个更严格的学习经历的学生？关键是如果我们走进任何年级，任何课堂，在任何内容领域都应该有需要灵活分组的证据。在中学水平不可能每天都灵活分组，但灵活分组应该是班级结构的一个重要组成部分，而且成为日常惯例。教师经常分享为何没有灵活分组，提出的理由往往是难于管理。那么，我们如何在课堂上有效管理不同的小组？

管理小组

在课堂上管理多个小组的一个最重要方面是明确期待。学生完成功课应该做什么？如果他们需要帮助，而你又正好在帮其他小组的学生，那么他们应该做什么？花时间模拟并沟通对独立学习的期待值，这是值得的。譬如，一个班级里有三个教学小组，那么必须在规定的时间内教导每个小组。在小学一个90分钟的阅读或语言艺术课堂，教师可能每个小组指导25分钟，留时间让小组之间交流、回答问题并确保每位同学在正确的轨道上。在中学，教师可能有45分钟的时间和两个小组交谈，每个小组用20分钟。那么当教师正与其中一个小组交流时，其他小组的学生应该做什么？其他小组也应该做一些有意义的任务来为他们正在学习的内容领域补充知识。这可以是独立学习或完成小组任务。

固定活动是不间断的任务，当学生完成课堂功课或者当他们的教师正在教其他学生时，由学生独立完成。固定活动能够丰富正在学习的内容。它们与学习中心相似，但主要针对一个单元、一个季度或者一个学期这样的时间长度。譬如，如果学生正在学习美国的选举进程，固定活动也可以是关于选举进程。或者对于本书第一章所谈及的思维方式和智力问题，如果你正在补充专业化发展计划，那么你可以给教师或职员提供以下的活动：

> **如果你较早完成一项活动或阅读，请看这个文件夹，选择一篇你感兴趣的，谈论关于毅力、动机、努力和可塑性智力等不同方面的文章。**

通过更加深入课题领域，固定活动也可以作为一个丰富学习的机会。这些任务延伸了学习，而且是没有教师的帮助也能成功完成的任务。固定活动不是让大家忙碌起来！它们是有意义的任务，是对学生学习的自然延伸。举个例子，一个班级学习美国选举进程，教师可能对一组在预评估中证实已经理解该内容的学生进行延伸学习。班上的其他同学正在阅读并回答文章的问题。其中两名学生完成了他们的任务，所以他们现在有机会参加一些固定活动。在这个案例中，教师开发了一个固定活动，即分析政治卡通。学生找到一个文件夹，里面有关于美国历史的政治卡通，传递了关于政党和历史上某次特殊选举的信息。学生使用指导性问题或者图表来分析卡通的信息。他们甚至可能给传递相似信息的卡通分类。这项任务是有意义的，它不仅要求学生运用批判性思维，而且使得教师有时间教导另外一组学生。一个额外的奖励是这种类型的固定活动不需要打分，因为活动是解读性的。学生只需要付出努力并证明他们的想法即可。

固定活动

即当学生完成课堂功课或当教师指导其他学生时，给予学生一些不间断进行的任务，这样的活动还丰富了学生的学习内容。

网上有许多资源可以用来开发固定活动。你甚至可以自己开发一些跟大脑可塑性有关的固定活动！在这方面下功夫是值得的，因为这将会帮助你轻而易举地管理不同的小组。

加速和加餐

加速或加餐，哪一个更重要？好吧，这是个刁钻的问题，其实这两者同等重要。想想加餐是对内容的进一步深入和拓展，加速则是继续往下学新的内容。加速可以有许多方式，而且也不仅仅是跳级。加速是指允许那些在预评估中证明已经掌握内容的学生以及那些迅速掌握内容的学生一起继续学下去。每个学生应该每天都在学习。预评估和课程紧凑允许在话题和内容领域里加速。就教师和学生而言，一个成长型思维模式是有必要加速。我已经多次听教师说：“他不能够加速。”“她轻易就完成任务了，所以我不加速。”或者“他正在履行行为契约。”这些借口或者试图将入学把关合理化的观点并非回应式课堂的特征；对于那些已经证明自己掌握了知识并准备好迎接更多挑战的学生，加速是必需的。

加速

即加快学习的速度，允许那些已经掌握知识或者快速掌握内容的学生进入更高水平的学习。

加餐是指更深入地学习。学生能够在不同的情境应用技能、概念或者过程吗？他们能够批判性地思考内容吗？学生有能力对材料进行推理吗？加速之前稍微地加餐是个好主意，特别是当预评估仅仅捕捉了表面层次的理解情况。如果预评估测量了理解的深度——譬如，应用观念和技巧——那么或许学生已经准备好加速，就不必停下来加餐了。

不管加速还是加餐，重要的是仔细查看教学经验，确保加速和加餐都有很多机会要求批判性思考。

加餐

即以更深层次和更广宽度学习，进一步深入内容并能够拓展。

形成性评估

在一个回应式、成长型思维模式的课堂设置形成性评估或对理解力的检查是毋庸置疑的。在教学过程中检查理解力给予学生机会，让他们接触复杂、吸引人的教学。正是通过形成性评估，教育工作者确定了教学内容以及学生掌握概念的节奏。通过形成性评估，教师也了解了谁还没有掌握某个概念，并制定计划以一种新的方式再次教导。一直进行的形成性评估在教师决策方面也起了关键作用，而且也应该在所有内容领域惯常使用。

道格拉斯·费舍和南希·弗雷很好地描述了形成性评估：

> 形成性评估是在课堂上一直进行的评估、复习、观察。教师使用形成性评估来改善教学方法，并在整个教学过程中给学生提供反馈。譬如，如果一位教师观察到有些学生没有掌握一个概念，他或她能够设计一个复习活动来加强这个概念的学习或者使用一个不同的教学策略重新教学生这个概念。

形成性评估

即在学习过程中检查理解力以便调整教学方式来提高理解力；这是对学习的一种评估。

形成性评估为教师提供了一种反思。该评估不用打分。它可以帮助教师快速检验、了解学生在学习道路上的方位。形成性评估帮助教师发现谁需要重新教导，谁步入正轨，谁需要加餐和加速学习进程。如果大部分学生没有成功，那么教师应该像费舍和弗雷建议的那样做：反思教学方式，想出一个新的方法来展示学习材料，重新教学生这个材料。

形成性评估也检查学生的理解力。教师可以用从形成性评估中得到的数据灵活分组、保持小组之间的互动。如果一个孩子一开始就在更高层次的小组，而且比同组组员理解得更快，那么教师应该将这个孩子调到一个对他有挑战的小组。通过过程进行中的评估，学生将会有更多的机会丰富自己的学习经历。

形成性评估不用弄得很复杂，应使之简单化。以下的一些想法可以帮你在课堂上做形成性评估：

- **使用让学生口头回答的问题。**在教学过程中或者下课之前（初中和高中），让学生回答关于课堂内容的各种问题。记下那些错误理解或者没有理解内容的学生。（这个方法也可以帮助学生在学习过程中集中注意力，如果他们知道课上或课后会被提问的话。）

- **使用让学生书面回答的问题。**给学生提供一些问题，帮助他们交流对某个概念的理解。

- **使用退出卡片。**教学之后每个学生都得填写退出卡片，在卡片上提供提示。可以是一个数学问题，一个需要纠正语法的句子，一个关于某个历史事件为何或者如何产生的问题，或者一个总结所学内容的陈述。

- **使用3-2-1。**3-2-1可以根据学习内容和不同年级定制。通常3-2-1可能给学生提供口头表达或书面表达的机会，譬如：我今天学习的三样东西，我对两样东西有问题要问，对于一样我想学更多一些。图3是3-2-1的一个例子。

- **倾听并观察学生。**当学生在科学实验室、正在做一道数学

关于大脑的形成性评估

姓名______________________________ 日期______________

3	我所学的
2	我有问题要问的
1	我想学更多一些关于大脑的事情

图3 形成性评估的3-2-1案例

题，或完成一个课内写作任务，或讨论一本小说，这时候观察他们的表现也对形成性评估有用处。

没有形成性评估，以下的情景肯定会经常发生：一位自然科学教师向班级学生介绍一个新概念。他讲了40分钟，用幻灯片展示、解释了这个概念。学生的家庭作业是根据教师今天教的内容完成一张学习表。学生完成作业并上交。在网上查了他们的分数之后，许多学生发现他们的作业都不及格。

现在关于这个情景让我们思考一分钟。如果那位教师能够以不同的方式布置这项作业，它是可以作为形成性评估的。上课前快速看一眼家庭作业，教师本该看到许多学生没能掌握这个概念。

那时，他应该多花时间检查作业、更正，若有必要重新教这个概念。如果课堂上有固定活动，那么可以让那些已经掌握的学生完成固定活动或者参与更正/重教。另外一个危险信号是学生没有拿到作业、看看他们的错误所在，他们只是在网上得知自己的分数。直到一个缺勤的学生上交他的作业之后，教师才发放试卷给大家。家庭作业可以被当成形成性评估（只要你确保这是学生的作业）而且不应该只给一个分数。家庭作业的打分应该体现是否完成，是否准确，尤其当学生还在学习理解的过程中。

开展形成性评估的时候，让学生知道你为何进行形成性评估，也让他们了解这样有助于你加以调整，更好地满足学生的需求。让学生知道作为教师的你总是想着让自己提升和成长。一个对自己持成长型思维模式的教师会成为学生的榜样。形成性评估提升了教学，并允许所有学生成长。

总结性评估

你已经预习、预评估，为一些学习者压缩课程，形成教学小组并提供加餐和跳级的机会。哈！做得很好。现在是思考你如何对内容的理解和掌握加以评估的时候了。如果你教的是不同学习小组，给学生做同样的总结性评估（对学习的评估）、布置同样的任务或现成作业，这些都是不妥的。评估必须与每个小组或个别情况下某个学生的所学内容一致。如果让学生通过完成某次作业来证明理解力，那么确保你提供了不同选择。打分应该基于每个学生对于为他或她所设置的内容的掌握。如果打分仅仅是根据分级课程的掌握，那么学生可能甚至连教学还没开始就在预评估后得到A。在这个情境中，一个孩子没有付出努力却得到A。这种情况会导致固定型思维模式的发展。学生开始觉得他们必须总是表现得聪明，而付出努力却表明自己不如人，而且他们会被期待不用尝试就能知道答案。毕竟，他们的一生都被告知是“聪明”的。而且如果你是聪明的，一切都来得很容易，对吧？错。应该恰当地挑战学生。确保你针对每个小组的形成性和总结性评估都有所不同。

总结性评估

即惯常在一个单元的学习之后对所学单元内容的评估。

关于差异化、回应式教学的最后一点想法

上述过程，就是我提倡的差异化、因材施教、回应式教学，即成长型思维教学。当孩子走进教室、开启学习的过程，应该尊重并对其需求有所回应。多数教师经常是在教学尾声才开始因材施教，在一个单元或者学习程序的末尾发现一个学生有更多的需求。“更多需求”往往被解读为学习更多同样的材料、更多的考试或“活动”，而不是更多回应式的教学，从一开始就给学生更多的挑战机会，对他们的需求以及他们可能实现的潜力有所回应。

反思并建立成长型思维教学的计划模板

图4和图5分别是一个有助于将因材施教/回应式教学过程视觉化的模板，以及一张供你开启这个过程的时候使用的检查表。

图4的模板是反思、思考以及建立思维教学的方式，它没有包括具体的教学策略。但是在小组之间应当注意教学过程和策略的差异。过程的差异是关于如何展示学习材料及学生如何处理材料。而且要注意上述因材施教的模型侧重于学生准备就绪而不是他们的兴趣；学生的兴趣应该在设计教学步骤时加以考虑。许多教师发现这个模板有助于因材施教的准备。一旦教育工作者熟谙这个过程，可能就需要它策划架构了。许多教师使用这个模型来记录每个小组学生的名字，在每一栏的后面或者复制这个模板来记录学生的数据；用它可以跟踪学生从哪里开始，在学习某个具体单元、话题或者概念的路上走多远。

艾瑞克·简申是思维教学的研究专家，他指出“对成熟大脑的研究清楚地表明平常实行的策略‘每个人在同一天意见一致’没有什么意义”，这个表述支持了成长型思维模式的差异性理念和分组的做法。在小学，保持形成三个教学小组的可能性；你可以在中学使用两个教学小组。如这个模板所描述的，完成一个成长型思维模式的建构。通过实践、努力、动机，以及——没错——一个成长型思维模式，因材施教、回应式教学可以成为教学的中心。对所有学习者的回应是我们身为教学者的责任。

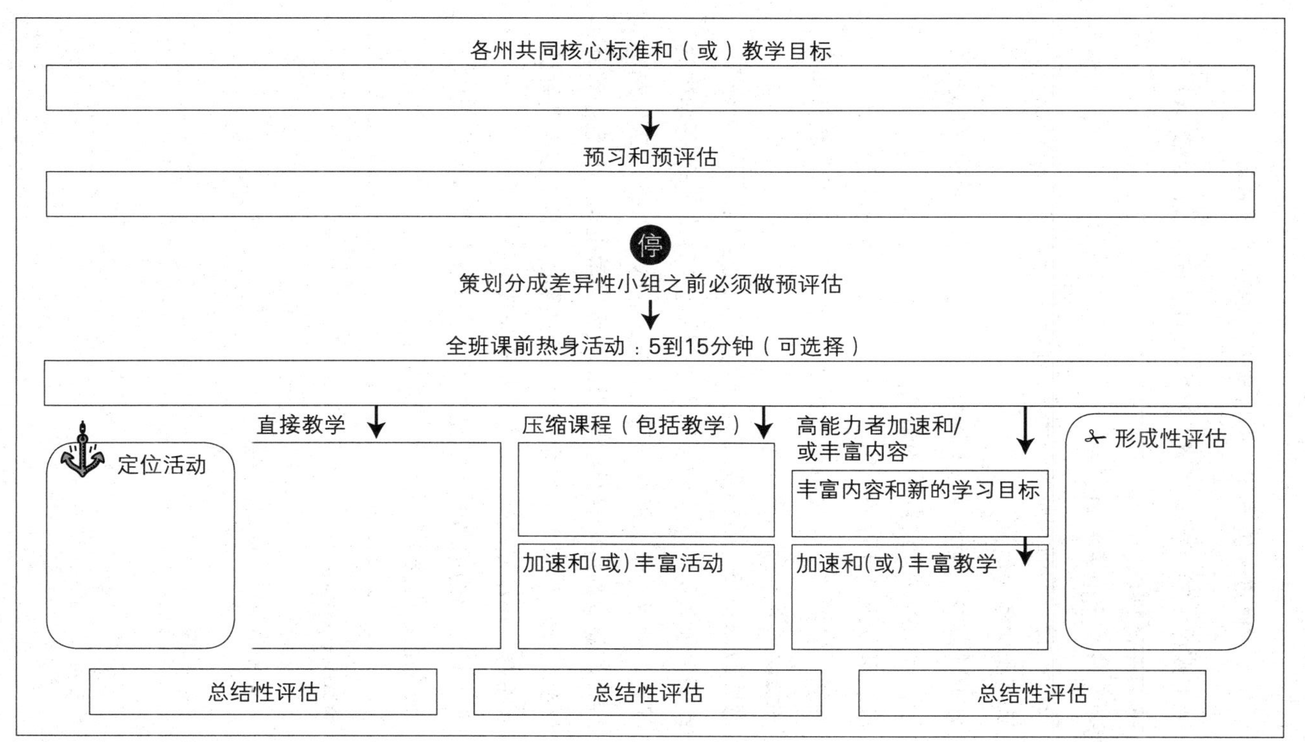

图4　差异性教学和回应式教学模板

教师准备差异化、回应式教学时的检查清单

- 确定被评估的技能、内容、概念或者步骤，而且开发或使用学校/学区预评估
- 开发与单元相关的固定活动
- 用2~5分钟的时间做预习来激活预评估前的背景知识
- 学生参加预评估
- 分析预评估：确定哪些领域学生已经掌握、可能存在哪些不足，以及每个学生需求的领域
- 确认可以压缩课程的学生以及对其所需领域的教学计划
- 确认完全理解并准备好下一步学习的学生。为这个学生准备加餐及加速学习
- 形成教学小组——示范固定活动要求，当天小组轮流分享。教师每天教每一个小组。小组之间预留几分钟来回答学生的问题，确保每个人都在学习的轨道上，表扬付出努力的学生
- 每天都建立形成性评估。利用信息教导学生的同时也使教师得到反馈。如果大多数学生存在不理解的现象，以一种新方式重教。小组间的学生调换要基于形成性评估
- 基于每个小组的教学，总结性评估、布置任务以及现成作业（还有家庭作业）都必须因人而异。

图5　差异性检查表

批判性思维工具
对成长型思维模式形成的作用

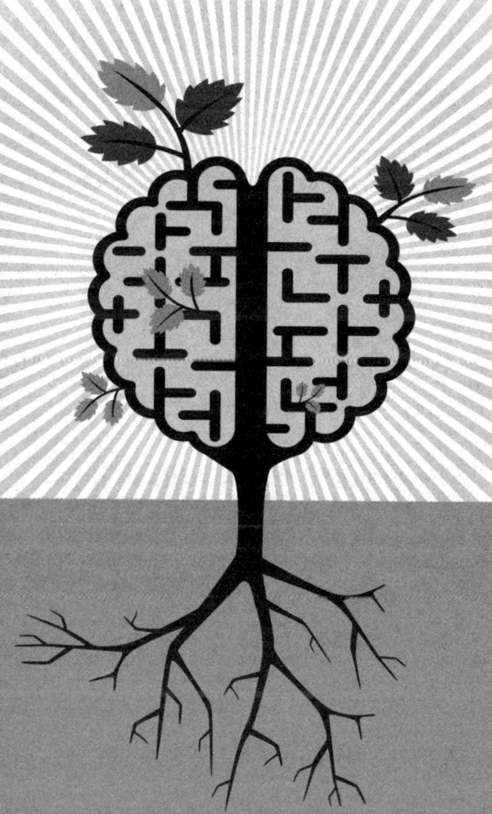

"我不介意没做好一份作业，只要我能弄明白自己哪里做错了。"

——六年级学生

批判性思维和成长型思维模式的关系是什么？让我们先用点时间来确定批判性思维的定义。丹尼尔·威灵汉姆是弗吉尼亚大学认知心理学教授，他在我们学校就批判性思维的发展做了可靠的研究。威灵汉姆分享：从一个认知科学家的视角看，批判性思维这把大伞下面有三种类型的思考，即推理、判断/做决定以及解决问题。每一天我们都推理、做决定以及解决问题，但这些不总是要求批判性思维。譬如，你早上醒来的时候必须做的第一个决定是要穿什么衣服。这个决定需要批判性思维吗？在大多数情况下，不需要；然而，有没有发生过那么一次决定穿什么衣服的时候需要批判性思维？或许假如你计划在岩层徒步旅行一天，那里的温差变化很大或者你有个重要的工作面试，在这些情形下，决定穿什么衣服需要一些批判性思维？可以给予学生机会推理、做决定或解决问题，但作为教育工作者的我们必须问自己，这些机会是否需要深度的批判性思维。

考虑批判性思维的另外一个重要因素是，它不仅仅是一个简单的技能。根据威灵汉姆的结论，批判性思维是一个必须融入内容的过程，它并非一旦掌握就可以从清单上删除的东西。为什么呢？其中一个原因是，关注的内容以及批判性思维的复杂性，会随着时间的流逝而变得更加复杂——总是处于进化中。应用知识内容的练习部分对于发展学习者的批判性思维能力——需要的时候就能应用——是基础。与练习密切联系的是毅力和努力，这可能是成长型思维模式最重要的特征！

学校更需要批判性思维

在某个职业发展工作坊，一位教师赞成批判性思维是一项技能的观点。她在论证的过程中解释道：厨艺是一项技能，如果它变得复杂那么就不能掌握，这一点如同批判性思维。我知道她为何如此论证——她做出假设厨艺本身是一项技能。不是这样的——厨艺是一个要求许多技能的过程。在她的类比中，认为厨艺如同批判性思维会变得更加复杂而不易掌握，这一点是正确的，而且她给了我一个机会来拓展她的类比。厨艺是一个过程而不是一项技能，这个过程需要某些技能：测量技能、刀技、遵循指令、阅读技能等等。批判性思维也是一个要求技能的过程，所需的技能随着情境的不同而不同。譬如，如果一个学生被要求分析数据，他可能需要使用分类技能。分类的技能可以在早期学会、练习并应用于不同的情境。我们从一开始就要认同批判性思维是一种过程，而不是一项技能，可以应用于各种情境。

通常，如果学生没有在学校传统领域——阅读、写作和数学方面——展现优点，那么对他们的期待值便会低下。透过成就的透视镜来看待学生（或在某些案例是透过智力的透视镜），那些被认为处于低层次的学生批判性思考的机会较少。通常压缩至他们能够掌握的阅读和数学。来自不同文化、语言和（或）族裔背景的学生或接受特殊教育的学生，没错，甚至有时是那些展现挑战性行为的学生，常常没有被给予严格的教学策略。这些学生可以很大程度上受益于不间断的批判性思维经历，然而由于来自大人或学生自己的固定型思维模式，这些学生恰恰得到批判性思考的机会最少。给学生很多机会通过批判性思维的经历来发展他们的认知能力，这会影响孩子对自己的看法并有助于成长型思维模式的形成。

批判性思维下成长型思维教学形成的课题成果

我急于测验我的理论，即在高度贫困和学习成绩差的学校可以通过批判性思维经历改变并发展的项目来测验认知能力。因此，“批判性思维下的成长型思维模式课堂”课题就诞生了。这个课题包括“法案”条款一中的学校（Title I是NCLB美国《不让一个孩子掉队法》核心部分第一编。该法案主张自由、灵活、开放的教育体系，在培养和发展学生创造力的同时加强其基础知识教学，提高全美中小学教育质量，缩小不同背景、种族儿童学业差距），总共53个二年级和三年级班级。这些条款一中学校的所有二年级和三年级的教师，以及一些英语非母语的教师都参加了关注在课堂内构建成长型思维模式的职业发展讨论会。职业发展讨论会也包括批判性思维的职业发展会议讨论。职业学习会议突出强调了一些地方已经将批判性思维过程纳入他们的课程。数学教学的共同核心州际标准也考虑涵盖批判性思维，这一点也得到了强调。八个数学练习的其中几个补充了整个课题的目标，练习1和2最受重视。

- 练习1：弄清问题并坚持解答问题。
- 练习2：抽象推理和量化推理。
- 练习3：建构可行的论证并批评他人的推理。
- 练习4：有策略地使用恰当的工具。

这个课题第一年的职业发展侧重于教师建构学生推理能力的方式，因此教师学习了在各种内容领域发展推理的教学策略。这些策略包括侧重演绎的、类比的、量化的推理，以及获得概念和概念形成的策略。（注意教师给学生上的课涵盖了其中若干策略。

这些课的例子见第六章。)

非口头推理游戏的运用与成长型思维教学的形成

这些课堂的一个共同目标是尽可能经常凭借各种材料通过不同方式涵盖推理的机会。我们决定应该增添另一个层次，即将一些吸引人的非口头推理游戏引入课堂。但首先有一点很重要，即允许教师通过这些游戏来交流，这样他们能够真正理解学生将面临的挑战，并且随着游戏水平的提高而进步。通过审视许多游戏，我们决定53个课堂都将引入从思考乐当中选出来的五个游戏。思考乐是一家专门研发建构推理技能游戏的公司。所选的这些游戏——俄罗斯方块、固化巧克力、砌砖头、高峰期、数学小骰子——是以非口头语言的模式来训练量化和演绎推理。随着孩子在不同层次通关，游戏也提升了挑战水平。现在的课题有三个重要的组成部分：

1. 教师和学生建构成长型思维模式的文化，包括发展对大脑功能基本概念的理解。

2. 教师使用教学策略培养和发展批判性思维过程，尤其是推理。

3. 接触数学定位活动或热身活动可能会使用的非口头推理游戏；在课间休息、上学前或者放学后也可以进行这些活动。

让所有教师记录任何关注构建成长型思维模式文化、关于大脑知识教学，学生负责记录他们玩的游戏，使用个人游戏跟踪仪来跟踪他们所达到的级别。

在课题中增加经过挑选的推理游戏产生了一个始料未及的结果。所增加的游戏不仅仅构建了这些学生的推理能力；推理和解决问题的游戏促成了教师思维方式的转变，而且在一些案例中，学生的思维也发生了转变。许多教师汇报要是没有这些游戏，他们可能看不到学生的潜力。一些不怎么讲英语的学生因为这些游戏变得活跃起来。同一年级一些排名较靠后的学生通过这些游戏在推理方面表现出很大的优势。教师开始反思他们自己的思维方式，看到学生的不同之处，提升了对许多学生的期待值。这些游戏意外地成为建构教师和学生成长型思维模式的工具。如一位教三年级ESOL（世界著名的教育测评机构和语言能力评估机构剑桥大学考试委员会的直属部门）的教师霍丽所汇报的：

> 一开始我教那些在ESOL上学习困难的学生，给他们很多时间熟悉游戏，形成策略来解决问题。一旦他们适应并谈论策略的时候，我就让他们去课堂“教”班里的其他学生玩这个游戏。这对他们的语言和自信心的发展是一个强有力的工具。这些游戏有助于发展成长型思维模式的班级文化。

这些游戏和成长型思维教学的课程一起增加了学生的动力。这个课题进行四周后，我去一个班级调研以证实学生学习新内容的时候，神经细胞如何关联。课后，教师马上进行数学指导，并让学生结伴做游戏，她则跟讲台旁的一个小组一起完成游戏。我决定在这个二年级的课堂走一走，当学生做推理游戏的时候问他们一些问题。在他们的同意下，我用手机录下他们的对话。这里举一个例子，即两个ESOL男孩在玩思考乐的俄罗斯方块游戏时与老师的对话：

瑞希夫人：你们玩这个游戏时，大脑都想些什么呢?

学生：我们在做关联。

瑞希夫人：什么样的关联?

学生：就如那些……的关联……那些叫什么名字?数字?

瑞希夫人：神经细胞吗?

学生：是的，那些神经细胞在我的脑袋里连在一起。

瑞希夫人：你们想过放弃么?

学生：没有，从未想过。

瑞希夫人：为什么呀?

学生：因为简单。

瑞希夫人：一直都简单么?

学生：不是，不是一直都简单。

瑞希夫人：那为什么现在就简单了？

学生：我们已经做了大概五天的游戏了，因为我们练习了，所以越来越简单。

瑞希夫人：噢，所以你们练习过了，你们练得越多结果会怎么样？

学生：我们大脑里会有更多的关联，然后就变得简单了！

从这个简单的谈话可以看出这些学生在学习时能够发现神经细胞的关联。尽管孩子说的是“数字”而不是“神经细胞”这个词，他们说“在我的脑袋里连在一起”而不是“在我的大脑里做了关联”，但他们还是对正在发生的事情有了牢固的概念性理解，而这个理解增添了他们的毅力和动力来通过更难层次的游戏。这可以迁移到小孩学习困难的情境。譬如，一位教师可能说：

你还记得第一次玩俄罗斯方块游戏时感觉挺难的吗？后来你练习了，而且坚持练习，在你的大脑里做了强烈的关联。这个游戏现在对你来说还很难吗？现在让我们以同样的方式看这道数学题。一开始你可能觉得这道题很有挑战性，但坚持训练之后，你在大脑里做了更多的关联，所以变得更加聪明了！

回到学生经历的过程，使用推理游戏促成了面对挑战性的任务保持动力的谈话。在一些案例中，学生要求“更难的材料”来帮助他们的大脑发展。

以下是另外一个例子，即两位二年级的ESOL学生玩高峰期游戏时与老师的对话。学生后续向我解释他们如何玩这个游戏。

瑞希夫人：你曾想过放弃没有？

学生：没有！

瑞希夫人：为什么呢？

学生：我可能会放弃像捉迷藏这样的游戏，但这个游戏不会放弃。

瑞希夫人：你为何不会放弃这个游戏？

学生：我不会放弃的！

瑞希夫人：告诉我原因好吗？

学生：呃，首先我认为这个游戏难度水平高于我所在的年级，而我认为自己真的能做到！

瑞希夫人：是什么让你觉得自己能行？

学生：因为当我尝试的时候，我知道通过做关联，自己就变得聪明，而新的关联能够帮我完成这个游戏！

这个对话是反映学生毅力的一个很好的例子。他所说的“高于所在年级”表明在他的心中他正在解决一个非常有挑战性的任务。这是学生迎接挑战的多么好的例子！他下决心成功。他提到捉迷藏游戏时挺有意思。或许他不认为捉迷藏具有策略性或挑战性，因此他放弃了，因为这个游戏不会锻炼他的大脑。在所有八个非正式采访中，没有一个学生说他或她会放弃。正如其中一个ESOL的学生所说："你尝试得越多，你会变得越聪明。"许多教师汇报说，他们觉得和成长型思维模式讨论相结合的游戏增强了毅力。我猜如果没有成长型思维模式的教学和讨论，那么将这些游戏放在课堂上，对话可能就不一样了。我的预感是许多学生会在游戏伊始就放弃了。

批判性思维工具对成长型思维模式形成的结果

仅仅七个月，批判性思维工具对成长型思维模式形成的作用这一课题研究展示了始料未及的结果。教师不仅汇报了动机和毅力的增长，而且数据显示这些学校的学生在推理方面获得了长进。部分学区筛选有天赋和才能的学生使用的是认知能力测试。条款一中学校的分数一直都低于目标分数。为了考虑加速或丰富教学，以及被认为是"有天赋"的，这个系统使用多重标准。一个标准是目标分数的80%建立在类比和量化推理小测试上。在他们二年级的春季学期，学区内的学生参加天赋服务与认同过程。课题开展前六个学校的平均分在表2中有显示。

你可以看到这些分数多么低。这项课题开展7个月后，分数戏剧性地得到了提高（见表3）。

表2 批判性思维工具对成长型思维模式形成的课题开展前学生平均分

	类比推理百分比平均分	量化推理百分比平均分	目标百分比
2011	51	43	80
2010	50	43	80

表3 批判性思维工具对成长型思维模式形成的课题开展7个月后学生平均分

	类比推理百分比平均分	量化推理百分比平均分	目标百分比
2012	59（+8）	50（+7）	80
2011	51	43	80
2010	50	43	80

所有六所学校在类比推理方面增加了8个百分点，在量化推理方面增加了7个百分点。

一所学校在量化推理小测试上提高了21%，另外一所学校在类比推理方面提高了14%。尽管接近基准还有很长的路要走，但我们意识到自己正靠近什么。这个“什么”就是成长型思维模式与增加的批判性思维工具相结合。看看在该课题进行的第一年结束之后，以下教师做出的评价：

- “学生的视角完全转变了。每当有一个艰难的任务，学生会谈及决心、动机和毅力。”
- “我发现他们对如何变聪明的信念改变了，他们会彼此鼓励，说：‘你可以做到！’以及‘你如果更加努力尝试能够变得更聪明！’”
- “我的学生不断说，每当自己遇到困境时就会产生成长型思维模式。这很好！”
- “我注意到学生在批判性思维方面有了很大的进步，学生对于自己的核心信念会努力尝试，一直到成功。我较少听到‘我做不到’，听到更多的是‘我得继续尝试。’”
- “在我的课堂上思考和努力学习成了一种‘思维方式’。我们一起学习，从我们的错误中汲取教训，挑战我们的大脑让其有所长进。学生变得擅于相信自己了。”

批判性思维工具和成长型思维教学密切相关。只有当我们不间断地给他们提供这样的机会，我们才能够期待学生勇于迎接挑战。

学生如何从失败中学习

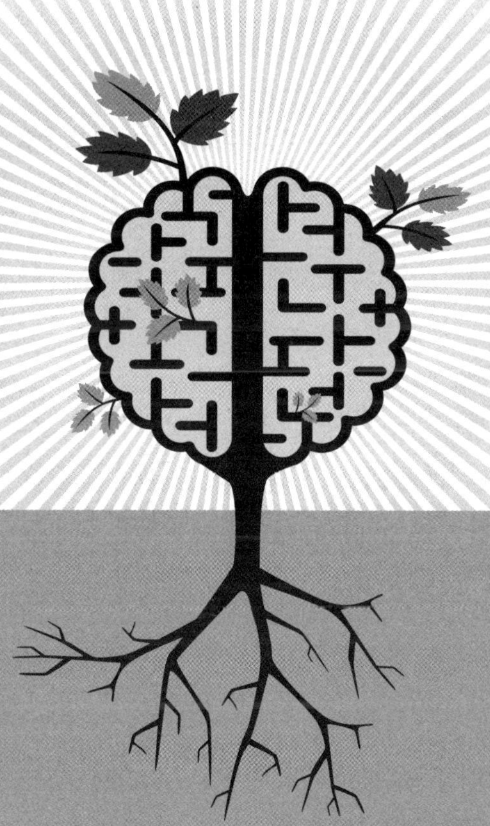

> “失败对于成功而言是必要的。我们越是尝试避免失败，我们就越难成功。我们应该拥抱失败，而不是逃避。”
>
> ——加勒特，12年级学生

作为家长，见到我的某个孩子失败总是不好受，尤其是当孩子为了完成任务付出很多努力。想一想孩子努力备考、写论文或练习一项技能，然后回报却是失败。失败也是回报？没错，失败可以是回报，因为正是通过失败我们能够学到最多。在迪斯尼电影《遇见罗宾逊一家》中有个美妙场景，路易斯创造了一项发明，即将花生黄油和果冻搅在一起，结果失败了。当他掩面道歉的时候，大人们都开心地叫喊：“你失败了！通过失败，你学习了；若是成功，你没能学到这么多。”

对失败的回应

我们对失败和错误的回应取决于我们的思维方式。一方面，当我们真正相信智力是可以锻炼的，那时我们会意识到当我们犯错——当我们失败——我们需要用不同的方式来完成任务以及/或者付出更多的努力来完成。另一方面，那些认为智力是一成不变的人一般不会尝试从他们的错误中学习。密歇根州立大学的杰森·S. 莫赛——他和汉斯·S. 施罗德、卡丽·希特、提姆·P. 莫兰以及李于浩合作开展他的研究——想深刻了解人们对失败如何反应。这些研究者给参与者一项故意设计成让他们出错的任务。研究对象被要求说出五个字母序列的中间一个字母。有时中间的那个字母和其他字母一样，如MMMMM；其他时候中间字母是不同的，如MMNMM。即使任务听起来简单，但一旦重复几次，大脑变得迟钝，这时人们就开始犯错。

参加研究的对象在脑袋上戴着一个装置来记录大脑的活动。每当产生一个错误，在四分之一秒内，大脑快速产生两个信号。根据莫赛和他的同事所说，首先，最初的反应是什么不对，一个“噢，糟了”的回应。当人意识到错误，接着试图纠正错误，下一个信号产生。研究发现，那些第二个信号——让人意识到错误然后试着纠正的信号——更强烈的参与者试图从他们的错误中学习。这些参与者能够更好地重新思考：“好的，那样不对；现在让我看看需要做什么来纠正错误。”这群人利用机会从他们的错误中学习。

当学生下意识地利用机会从他们所有的错误中学习，这时他们能够以新的方式来解决没有成功完成的任务或者花更多的功夫来解决任务。那些相信消极结果基于他们的自然能力的学生，失败后常常不会有更努力的尝试；犹如我们常常听到的："我不擅长科学。""我学不会另一门语言了。""我即使再做也无济于事，还是将得到同样的结果。"

安琪尔·佩雷兹是加州匹兹学院的招生办主任，他面试了很多申请进入他研究所的学生；他总是问候选学生同样的问题："你对大学最期待的是什么？"有一次，他听到的一个回答让他吃了一惊："我期待可能发生的失败。"这位候选学生接着说："您看，我父母从未让我失败过；他们告诉我，选一门更严格的课程或者尝试一项我可能不会成功的活动，这都将毁了我被录取、入读大学的机会。"

学会拥抱失败并不容易；然而，再重申一遍，如果学生对他们的大脑有更多的了解，知道它如何运作，失败则是一颗容易吞咽的药丸。那些将大脑具有弹性的理解内化的学生，学习的时候大脑的功能会发生变化，能够更有建设性地面对挫折。他们有时具备更强劲的动力来掌握知识，而且会坚持下去直至达成。

重视给学生提供挑战机会的教育工作者发现，学生对挑战的反应有不同方式。有些学生是"来吧！"然后积极地迎接挑战。

这些学生意识到他们可能不会成功，可能一个或两个任务都失败了，但他们想冒这个险以拓展自己。有些学生则对挑战感到受到威胁，担心他们成功不了，而且经常没有付出多少努力就放弃了。

教师有必要在他们的课堂上营造这样的氛围：庆祝失败，而且当学生学会反思并重新思考，这样他们就能以新的方式来迎接挑战或者付出更多的努力来迎接挑战。教师可以自己在课堂上做范例。著名的企业家和娱乐家沃尔特·迪斯尼看到了冒险的潜能："然而，在这里，我们不会回头看太久。我们一直朝前走，打开新门，尝试新事物，因为我们是好奇的，而好奇心会一直引导我们前往新的道路。"

动机驱动力

讨论失败的时候不考虑动机也不容易。社会科学家伯纳特·维那最有名的归因理论（查阅http://education.purduecal.edu/Vockell/EdPsyBook/Edpsy5/edpsy5_attribution.htm，对归因理论有个总体的了解），侧重于动机和成就，他认为影响成就最重要的因素是能力、努力、任务的难度以及运气。这些因素听起来都熟悉吗？维那对努力的研究是成长型思维模式理论的雏型。根据归因理论，成功人士常常将他们的成功归因于努力——某个内在的因素。那些失败的人则倾向于将成功的缺失或失败归因于任务的难度或者运气不好。（记得第一章提及的约翰·麦肯罗吗？德韦克在她的书中以他为例讲解固定型思维模式，他将失败归因于以上提及的外在因素。）我们的目标是鼓励学生内化这样的信念，即是他们自己的行动和行为而不是外在因素导致了他们的成功或失败。

归因理论

即认为成功人士常常将他们的成功归因于努力（某个内在因素），而那些失败的人倾向于将成功的缺失或失败归因于任务的难度或者运气不好（外在因素）。

在丹尼尔·平克《驱动力》一书中，他展示了一个关于内在而不是外在奖赏的好案例。内在奖赏指个人满意度——在没有外在诱因的情况下，完成某项任务时一个人感受到的个人满足感。外在奖赏来自外界，通常是教师或家长承诺孩子，如果孩子成功的话，给一个“奖品”、贴纸甚至金钱。平克阐述了这些如何影响一个学生的表现，他写道：

> 在特别强调外在奖赏的环境下，许多人工作只是为了拿奖而已——不再向前。因此，如果学生因为读了三本书就得到奖品，许多学生就不会再读第四本，更不用说开始人生的阅读旅程。

平克继续阐释通过承诺奖赏而激励大家的做法有很多缺点。承诺学生“奖品”以达到一个预定目标，这么做会产生很多问题，譬如浇灭了学生的创造力，形成他们的短视思维。与此相反，“奖赏”可以是表扬学生付出的努力及毅力，还有当他们掌握新事物时产生的积极内在情感。完成一项具有挑战性的任务确实令人发自内心地高兴。

内在奖赏

即完成某事时一个人感觉到的个人满意度。

外在奖赏

即通过另外一个个体或资源，比如金钱、证书或奖品，提供给一个人的外在诱因。

丹尼尔·平克的最新研究一直建议，对于动机而言，内在目标的价值高于外在目标。在动机语境中浮现的另外一个元素是自主性概念，即决定的自由。如博伊金和诺格拉注意到的：

> 参加某项活动的时候，若由自我决心引导，会产生最佳动机水平。进一步的假定是当人们感受到自己追求的自主性，而不是觉得自己的追求受威胁、外在奖励或避免愧疚控制，他们会更加下定决心。

自主性不妨碍责任追究，因此可以考虑在一些情况下给予学生一定层面的自主。

加州大学洛杉矶分校的心理学研究者寇村山在五到十年级的德国学生之间进行了一项研究。这项研究跟踪了学生5年，每一年给他们做一个数学测试和IQ测试，调查他们对数学的态度。根据这项研究的结果发现，IQ并没有预测新的学习。那些具有动机的学生收获最快，换言之，就是那些具有成长型思维模式的学生收获最快。从调查收集的数据发现，那些学生赞同以下表述——“做数学题的时候，我越努力尝试，完成得越好。”这样的学生比那些聪明却没有什么动机的学生学习收获更大。

改变学生对失败的反应

当学生失败或者犯很多错误时，他们可能会将此看作自身差劲或能力不足的迹象，而事实上这样会导致更多的失败。他们可能开始躲避任何看起来很有挑战性的事物，这样他们就不用面对失败。然而，如果学生将失败或错误当作得到反馈的一种方式或对某些领域加以反思以多加注意的话，他们会有内在的信念，即通过努力、毅力和帮助（他们自己探寻）最终能够学会。

每次教师帮助学生纠正一个错误，都应该抓住这个机会帮助学生将错误理解为未来对他们有帮助的“数据”，而不是将此视为自己能力差。譬如，如果一位学生解答数学题时在词汇方面遇到困难，教师应该问学生用了什么策略，并做头脑风暴看看有没有其他策略可用。有人争论说来自中产或上层家庭的孩子没有什么机会失败，因为关心且过度保护的家长在孩子跌倒前就抓住了他们。对家长而言这是个好路径，因为如果他们选择不横加干涉来阻止失败，那么孩子可能觉得自己不被支持或重视。

2012年，一位加拿大教师由于给那些没交作业或者没参加考试的学生零分而被罢职。他所在学校实行一个很严格的“不给零分”政策。然而他认为学生应该对自己的行为负责（“埃德蒙顿教师给零分”，2012）。在保罗·塔格《儿童是如何成功的：刚毅、好奇心以及人格的潜在力量》里，他声称刚毅和毅力是学生成功的最大标志。他分享说我们应该在我们的孩子中间，在他们面对失败的时候发展一种从挫败中恢复的感觉。那位加拿大教师和塔格都意识到失败是一堂重要的人生课。不过，面对失败时，有必要建构机会，让学生能够反思、做出调整或改变，如此他们可以从中汲取教训。

教师帮助学生反思失败的一种方式是向他们介绍对失败更积极的看法，或者分享他人对失败的态度。譬如，认知心理学家杰罗姆·布鲁纳一语中的地定义失败：“不要把成功和失败当成奖赏或惩罚来体验，而是当成信息来经历。”或举一位当代人物为例，迈克尔·乔丹在1997年耐克广告中总结失败：“在我的事业中，我错过了9000多个投篮。我输了约300场比赛。有26次大家信任我，让我投决定比赛胜负的一球，我却没投中。在我的人生中，我一再地失败。而这就是我成功的原因。”

其他帮助学生学会处理和接受失败及错误的学习任务见第八章。

开展成长型思维教学的9个方法

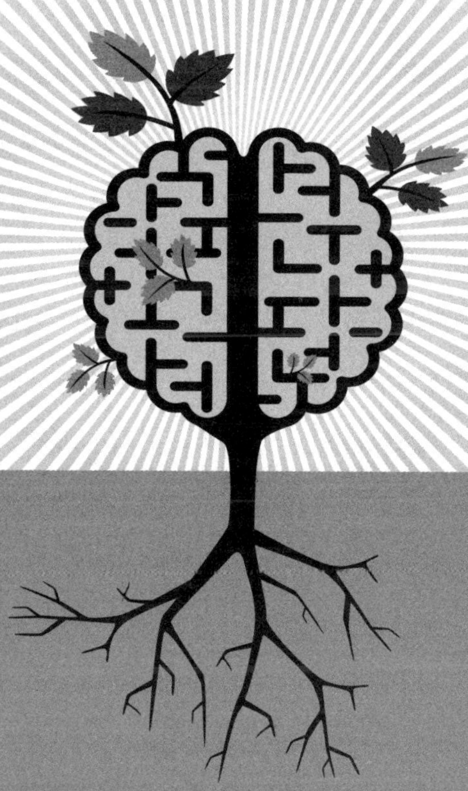

“当我做游戏的时候，我感到我的大脑正在有所长进。”

——三年级学生

近年来，越来越多的研究者强调教育学生对自己的大脑加以认识的重要性。动机增强、乐意接受新挑战、对失败有更加健康的反应，这些只是当孩子理解自己的大脑如何运作时所获得的一些益处。课程排得满满当当，学校体系又强调在年级和内容领域之间保持教育经历的一致性，因此教育工作者失去了往一个满满当当的课程安排和教学计划中增添东西的灵活性。因而寻找方法在一天的教学当中介绍神经科学的概念以及成长型思维模式的知识需要创造力。

请记住这不是上一节课就完事了——学生需要不断被提醒他

们有能力变得更聪明，而且每一个人的大脑都有弹性达成这样的能力。一切皆取决于你如何使用大脑。因此，我们需要富有创意地教授和回顾可塑性智力的概念。开始思考你所教的学科和年级。哪里有机会介绍一些大脑的基本信息？如果你教的科目是阅读或英语，当你和学生探讨解说文的理解策略时，考虑选用一篇关于神经科学或学习和大脑的非虚构文章。英语教师也可以强调展现成长型或固定型思维模式特征的人物（本章分析作家和人物的学习任务范例可作为指引）。科学课教师可以在学年伊始通过一个小单元教授神经科学或将神经科学的内容穿插于整个学年的教学中。

学习次序

在接下来的内容中可以找到关于构建对大脑的概念性理解的观点，以及给学生布置的固定型和成长型思维模式任务。每一个部分遵循回应式教学模型，为教师列出若干想法，供其与学生一起使用。一些想法由于策略或任务的开放性可以跨年级使用。其他内容是具体到各个年级的学习任务。你可以将此作为菜单，挑选对学生来说最有益处的学习机会。

预习和预评估（触发背景知识）

如第三章所提及的，为了策划有效的、差异性教学，我们必须首先触发学生的背景知识，了解学生对于大脑及其如何运作都知道些什么。

小学的预习

小学生的预习可以同一系列引发如下讨论的问题这样简单：

- 教师指着他或她的脑袋说：

  “谁知道这里头是什么呀？”

  “我们使用大脑做什么呀？”

初中和高中的预习

中学生可以积极地参与关于大脑的讨论来帮助教师测量他们的背景知识。向学生展示一幅大脑的图片，就大脑这一话题讨论2至3分钟，随着讨论的进行允许他们提供信息。

小学预评估

教师应该向学生解释他/她想了解学生关于大脑及其运作都知道什么。譬如，你可以说，“我将给你们一张纸，我想让你们做两件事。”举起一张印有大脑的空白纸（见图6）问学生：“谁能告诉我这些点都形成了什么？”（可能得到“脑袋”或“面孔”这样的答案。）

将图6这样的问答发给学生。让学生在虚线内的空白处画他们认为自己的大脑长什么样。然后，学生应该写下关于大脑他们所了解的任何东西。提醒学生这次评估不记分，只是测量他

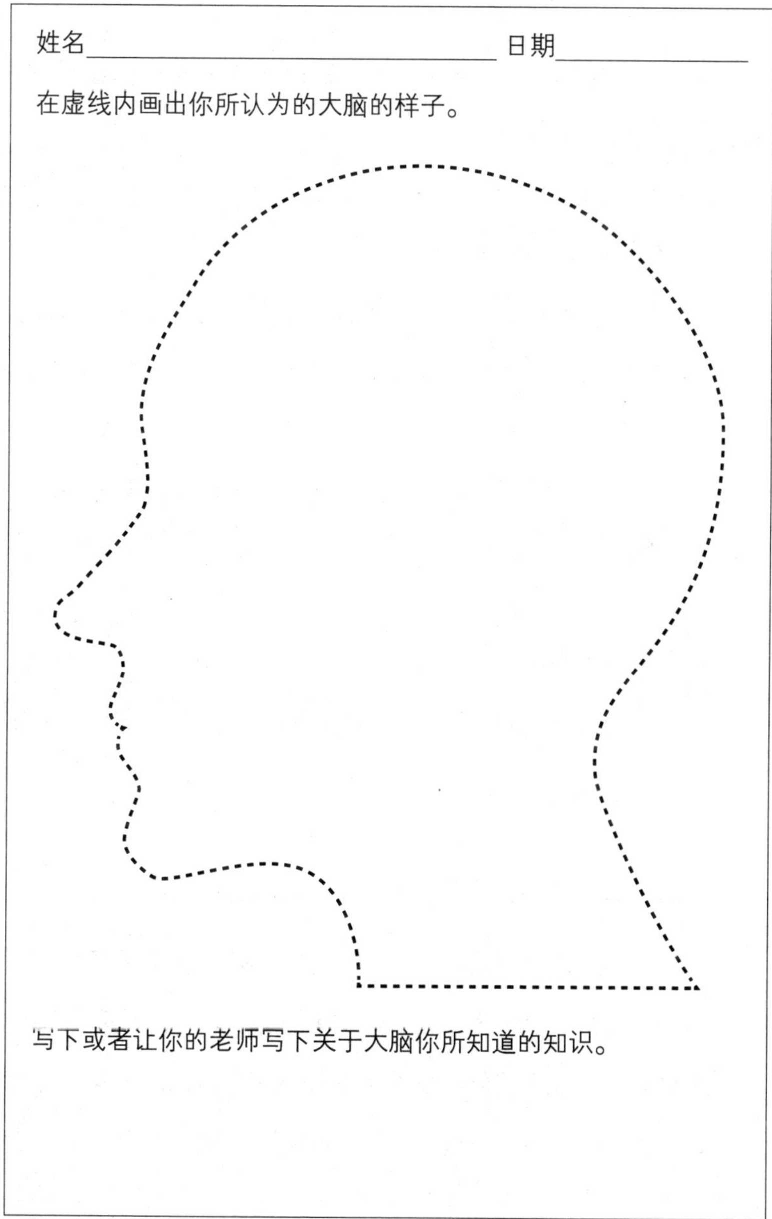

姓名________________________ 日期____________

在虚线内画出你所认为的大脑的样子。

写下或者让你的老师写下关于大脑你所知道的知识。

图6　学生的大脑知识预评估空白卷

们的背景知识。

学生完成预评估后，教师审查预评估，寻找答案的模式。同样的答案包括：

- “我的大脑帮我思考。”
- “我的大脑让我变得聪明。”

同时分析学生关于大脑的绘图：尺寸准确吗？总结一下学生对大脑的基本知识。注意有没有学生对大脑的认识更多些，对这些学生做差异性教学准备。其他学生对他们的大脑有些认识，但对于大脑的运作还需要更多的信息。一些学生仅仅从零开始，所以需要更多的指导。

初中和高中的预评估

你可以用图6给学生做一个类似的预评估，或让学生记下他们的想法，告诉他们“分享你所知道的有关人类大脑的一切”。

为何开展预评估？学生真的对大脑有很多了解吗？

在任何年级，预评估都可以作为让教师确切知道从哪里开始教学的一种方式。当我建议给三年级的一组学生做上述预评估，他们的教师却评价说这可能是浪费时间，因为学生对大脑一无所知。在一些案例中，没错，预评估反映学生知之甚少或一无所知。我就有学生回答说：我的大脑让我思考，以及在纸上乱涂乱画。记住，预评估的目的让你能够将你的教学和学生的需求相匹配——如果你都没有做这样的预评估，你怎么知道哪些学生对大脑知道很多，哪些还需要对大脑多加了解？预评估从来都不会浪费时间！

譬如，通过这个过程，各个年级的许多学生表现出了对大脑功能的理解。看看图7迈克做的预评估。

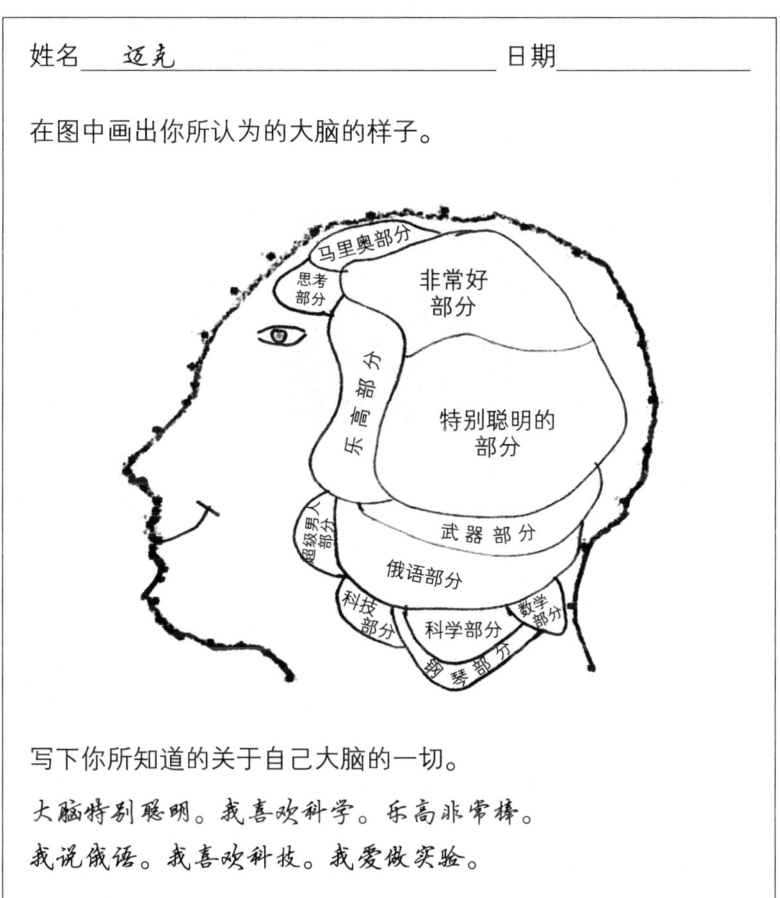
姓名　迈克　　日期

在图中画出你所认为的大脑的样子。

写下你所知道的关于自己大脑的一切。

大脑特别聪明。我喜欢科学。乐高非常棒。

我说俄语。我喜欢科技。我爱做实验。

图7　迈克完成的预评估

我到戴文所在的三年级课堂做预评估，这时发生了一件有趣的事。每张桌旁坐着约六个学生，我边走边观察，注意到戴文趴着，手里拿着铅笔，很认真地在纸上写着。我在他身后停留了一会儿，看看他正在写什么。不一会儿，这个男孩就叫道：没错，看看她的纸，她就是聪明的那个。我向他确认他和桌旁的爱恩娜

姓名 戴文 日期 10-13-11

在图中画出你所认为的大脑的样子。

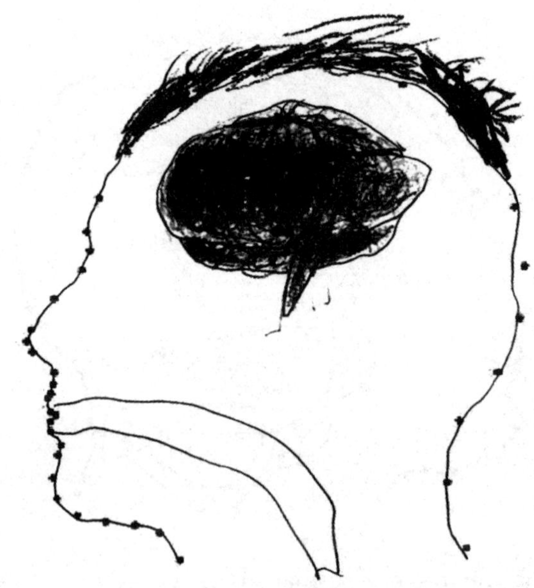

写下你所知道的关于自己大脑的一切。

你的大脑对你有帮助，帮助你说话，保存你的记忆

图8　戴文完成的预评估

都认真完成了任务，而且做得不错。他想了约1分钟说：是的，但她还是聪明的那个。那时候我就知道这个课程需要做很多工作来构建成长型思维模式的文化。

当我评审预评估时，发现薇尔拉的答案实在很出众，所以我询问她的教师能否跟这位学生谈几分钟。我表扬了薇尔拉所下的

姓名 爱恩娜 日期 10-13-11

在图中画出你所认为的大脑的样子。

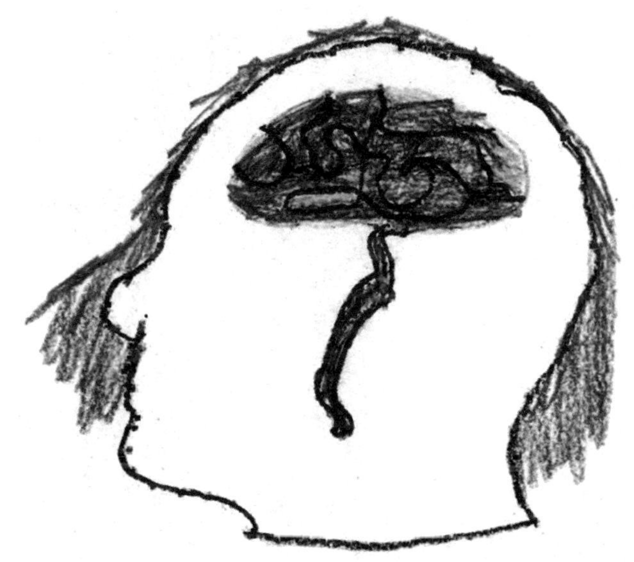

写下你所知道的关于自己大脑的一切。

你的大脑能让你变得更聪明、更努力思考。

图9 爱恩娜完成的预评估

功夫，并问她从哪里学到这么多关于大脑的知识。她解释说她的奶奶是一名医生，她是从奶奶那里学到的。

我也问了一位一年级的学生，有关他在预评估中所写的一个答案。孩子写道：大脑是将卡片放进去的一个地方。问过学生之后，我才知道他指的是记忆卡，就像在数码相机或一些电子游

姓名 薇尔拉 日期 10-13-11

在图中画出你所认为的大脑的样子。

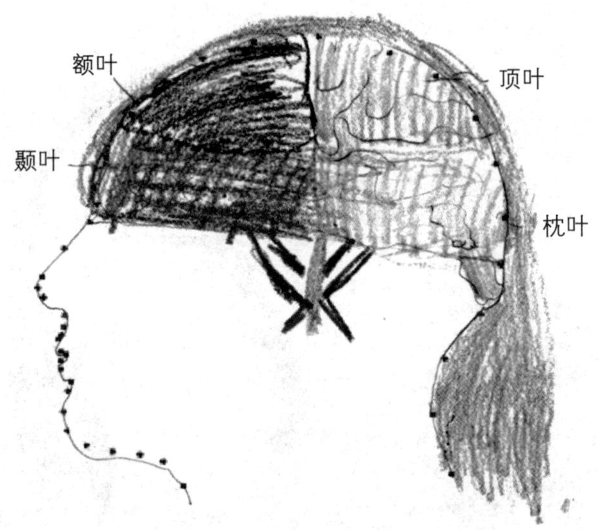

写下你所知道的关于自己大脑的一切。

大脑是身体的一部分，帮助你的一切，没有大脑，你甚至都活不了。大脑帮助你记事。

顶叶是大脑的一部分，帮助你记忆。额叶帮助你学习、思考……

图10　薇尔拉完成的预评估

戏设备中能够找到的——一个可以存储你所有信息的地方。看看，这就是21世纪的回答。

对成长型思维模式和固定型思维模式的预评估

和学生分享一些关于大脑预评估的回答。譬如，告诉学生“你们都认真完成了关于大脑的试卷。许多人说你们的大脑帮助你们思考！”向学生解释他们将会学到更多关于大脑的知识，但首先你想听一听他们对一些陈述的看法。学生可以使用“赞同或不赞同”标识或向上、向下竖起大拇指来回答以下三个陈述。这些陈述从卡罗尔·德韦克的思维方式工作坊摘取改编而来（http://www.mindsetworks.com）。

告诉学生：“我将给你们朗读并展示一些句子。如果你们赞同，举起你们的赞同标识，如果你们不赞同，举起你们的不赞同标识。不要担心其他同学的选择；我想知道你自己是怎么想的！”注意谁赞同或不赞同以下的陈述：

- 每个人都能学新事物。（成长型思维模式的信念）
- 一些小孩生来就比其他小孩聪明。（固定型思维模式的信念）
- 我们可以让自己变得更聪明。（成长型思维模式的信念）

我们期待所有的学生都赞同“每个人都能学新事物”。需要注意的是对第二个和第三个陈述的回应。如果学生赞同第二个陈述，那么很可能他们对自己的潜能带有固定型思维模式。如第一章所讨论的，我们发现孩子年纪越大，在学习的某方面越有可能带有固定型思维模式。你可能也想私底下采访一些学生以了解他们的思维方式，尤其是当你怀疑答案并不真实时。或者如果你觉得有必要匿名回应，让学生把脑袋放在桌子底下，以大拇指示意即可。

一旦你所教的学生完成了关于大脑知识及思维方式的预评估，你可以尝试我在下面几个部分提及的学习任务范例。

学习任务范例一：大脑如同海绵（所有年级）

> “我知道我的大脑如同海绵般生长，我得像锻炼身体那样训练大脑。”
>
> ——四年级学生

这项学习任务基于杰罗姆·布鲁纳的概念获得模型，使用了猜想盒策略。这个模型是一种帮助学生发展归纳和演绎思维技能的教学途径。这样的活动可以在学习任何领域的内容时建设性地、有意义地完成。一个盒子里面装的物件不得而知，这是概念获得和训练批判性思维的好工具。课前在纸板或图纸上设立一个大栏目和一个小栏目。在大栏目顶端写“__________的特性”。在小栏目顶端标上一个问号（见图11）。

让学生知道他们的任务是找出盒子里头的东西。他们只能问答案为“是或不是”的这类型问题。让学生明白答案为“不是”的问题和答案为“是”的问题同样重要，因为这些问题都给了

一个______________的特征

一个______________的特征	?

图11　猜想盒活动使用的表格

我们关于物件特性的宝贵信息。当学生通过提问了解到了物件的特征，在图纸上记录所有自己认定的特性。学生提问的数量没有限制。事实上，当许多学生知道盒子里装的是什么之后，他们提问的层次更高了，教师开始辨认出他或她的学生迸发的思维火花。许多教师认为一些孩子已经知道盒子装的东西就该结束猜想盒策略，结果是学生失去了对于物件代表的是什么真正形成概念的一次机会。

揭示盒子里的物件之后，询问任务完成的情况和反思猜想盒活动的过程很重要。问学生以下问题：

- 哪个问题对你弄明白盒子里的物件（最）有帮助？
- 谁问了这个问题？你为何这么问？

找出学生问具体问题的原因。和学生讨论哪些问题对他们重要以及原因何在，通过这些问题他们得到了什么样的信息。

- 三个最宝贵的特性是什么？换言之，如果我们只能选择三个词或短语来描述这个物件，它们会是什么？

如果学生意见不一致，讨论从每个特性中获取的信息，然后达成一致意见。像猜想盒策略这样的教学策略有助于形成成长型思维模式的文化。经过深思熟虑提出问题的学生往往是在学校较为传统的领域表现不太突出的学生。

一旦学生熟悉猜想盒活动的过程，就可以利用猜想盒活动来帮助学生学习有关大脑的新知识：让你的大脑运转起来！对于这样的课堂在下一段会作描述。

猜想盒：让你的大脑运转起来！

在一个猜想盒里头放一块可吸水的、扁平的海绵。如果可能的话，使用一块“膨胀”起来的海绵——吃饱了水改变了形状的海绵。在图纸上设立两个栏目：“__________的特性”和一个问号。告诉学生：

> 这个物件可以有很多不同的颜色，所以你们不用问关于颜色的问题。（你可能会补充一句很多这样的东西是黄色的。）这是你清洁的时候会使用的东西。

然后允许孩子们提问来确定盒子里的物品。关于盒子里的神秘物件，学生问了许多问题之后，教师应该在图纸上逐一列出特性帮助学生得出结论：盒子里装的是海绵。图12囊括了从幼儿园、

幼儿园	一年级	二年级
用来清洁	用来清洁	用来清洁
许多是黄色的	通常是长方形	通常是带棱角的长方形
在家里有	可以在厨房找到	用来洗盘子
通常在浴室	可以用来清洁硬地板	有六个面
通常在厨房	需要人使用它	用来擦地板
易于压扁	时常是软的	易于压扁
可能变硬	可以撕开它	里头有洞
通常是长方形	可以用它来擦拭	可以和肥皂一起使用
可以变湿	需要水	你得弄湿它
摸起来凹凸不平	可以和清洁剂一起使用	
	可以将它挤干	

图12　一块海绵的特性清单（作为“猜想盒：让你的大脑运转起来！”学习任务的一部分）

一年级到二年级课堂上的图表例子。列出来的这些特征是经由学生提问总结的。

学生确定盒子里装的是海绵之后，让他们反思活动过程，并提出这个问题：“你的大脑是如何像一块海绵的？”让学生思考与大脑和海绵相类似的事物。学生实际的回答可以包括：

- 它们都是粉色的。
- 它们都可以挤压。
- 它们都会变大。

- 它们都能吸收。

现在为学生设置以下情境：

> 让我们再次看一下我们的海绵。我将它放进这个罐子里，然后慢慢加水进去。现在开始使用你们的想象力：让我们假想海绵就是你们的大脑，水代表你们每天学习的新东西。当你们加入所有学到的新东西之后，你们认为大脑会发生什么样的变化？

慢慢地将水倒在海绵上面。学生将会看到海绵开始吸水膨胀。告诉学生："你们每次努力学习并学到新东西的时候，你们的大脑就生长并且变得更强大。海绵变得更大了，而且现在是湿的，所以更好用了。"学生接着可以观察不放水的海绵几天后会变成什么样：开始变干、变皱。将这个现象和没有受到挑战的大脑联系起来。

学习任务范例二：构建一个神经网络

> "如果功课变难，我就想象自己大脑里的神经细胞试着相互联系。"
>
> ——五年级学生

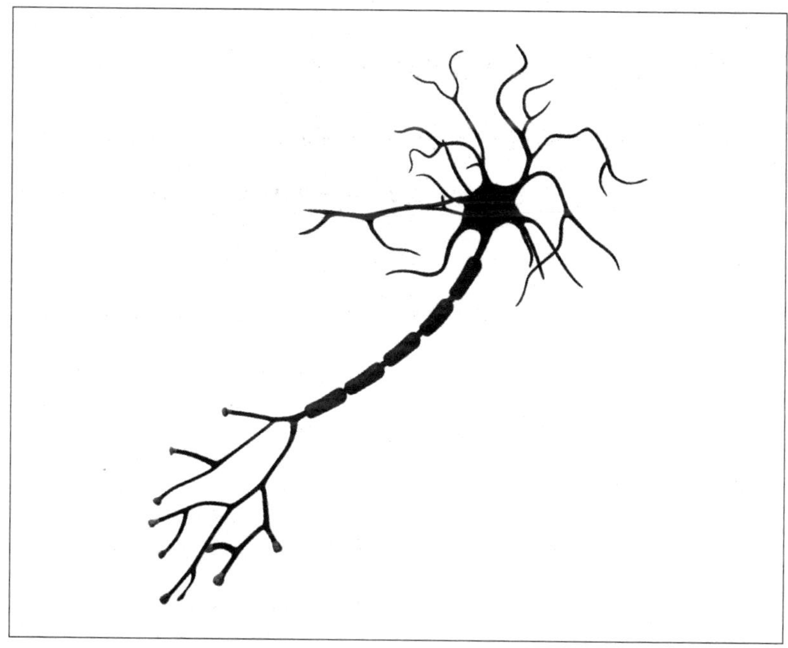

图13　大脑神经元图示

以下提供若干想法帮助学生构建一个概念性理解：当他们学习的时候，大脑发生了什么。神经细胞的关联在学习、实践和掌握的过程中产生并加强，这些解释也帮助学生对此形成思维图像。

在你分享这些学习经历之前，给学生一些关于大脑如何运作的背景信息，告诉他们："在我们的大脑内部有大脑细胞称为神经细胞。我们有数以亿计的神经细胞，有些相互关联，有些在四周漂浮。"给他们展示一张神经细胞的图片或图表，如图13所示。让学生思考是什么导致这些神经细胞相互关联。这里有一些学习经历的范例能够帮助你教学生这个概念：

1. 学习经历一：学生变成神经细胞

● 让三到五个学生自愿扮演神经细胞。如果是小学生或初中生，你可以让他们举着一张神经细胞的图片或在他们的脖子上挂一张画着神经细胞的卡片。

● 问学生是否有人能够分享最近学到的新东西。学生的回答可能包括乘法运算、外语、缝纫、运动等等。为更好地描述，我们将选择萨姆的回答。萨姆分享说他刚刚在数学课学了除法。宣布一组神经细胞现在代表萨姆大脑的一部分。

● 取出一条细线，让代表两个相互关联的神经细胞的学生使用这一条线，一人握着一端。这一条细细的关联代表除法。向学生解释萨姆正要开始学习如何做除法，所以这个关联现在有点弱。

● 问萨姆是否学到一些东西，且对此擅长，但仍然需要一些训练。在这个案例中，我们就说萨姆的回答是“乘法运算”。这时代表两个神经细胞的学生可以用一个更强的连接，譬如毛线。这代表比起除法萨姆更擅长乘法，但还没有达到掌握的水平。

● 接着建议以下情境。让我们看一看萨姆的除法关联：它由一根细线代表，但当萨姆学了更多除法的知识并做了练习之后将发生什么？萨姆坚持学习，并付出很多努力，最终成为除法的行家。这个关联将会如何变化？此时证明这个关联的线被一根强韧的绳子所取代。（这里可以用马克莱姆线。）见图14和图15的例子：窥探这一堂课如何在两个不同的教室里进行。

图14　学生在马里兰州兰德尔斯敦小学贝斯帝·布克的一年级班上展示神经细胞关联（肯·迈尔斯摄影）

图15　法拉·康奈利班上的一年级学生正在讨论哪些关联强大（粗绳），哪些关联代表新的学习（肯·迈尔斯摄影）

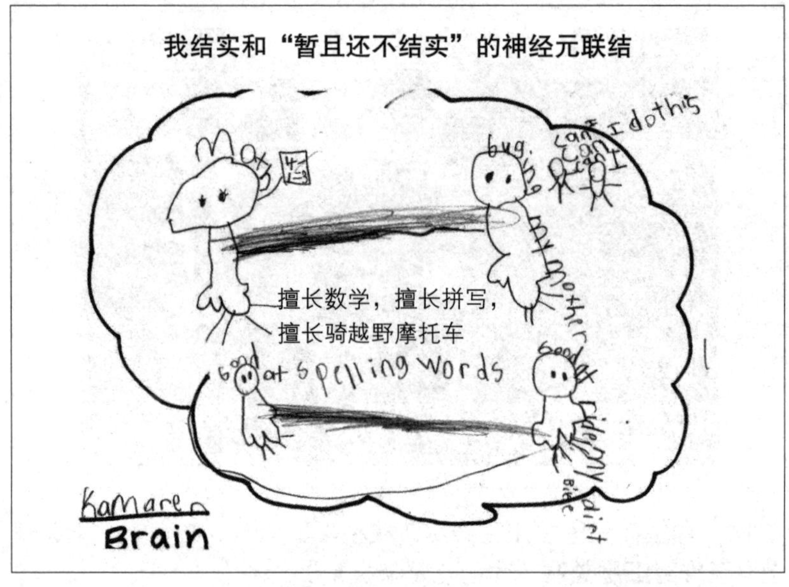

图16　卡玛仁的神经元联结

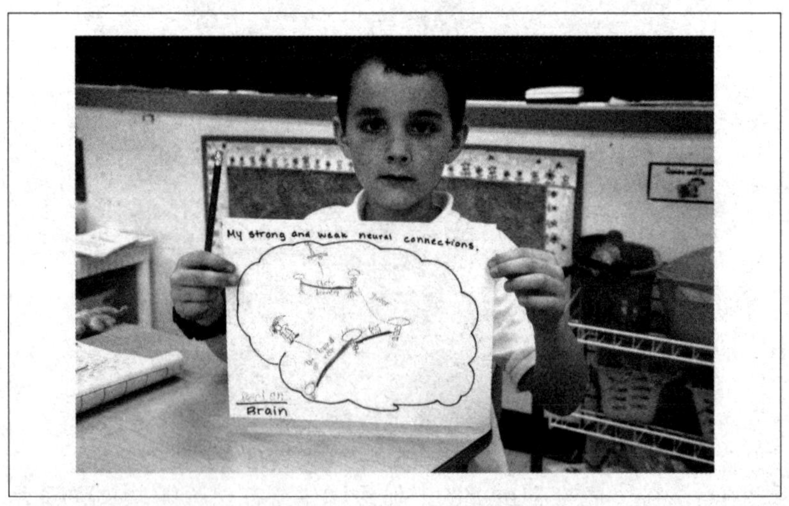

图17　德克兰的神经元联结（肯·迈尔斯摄影）

- 那么，如果萨姆认为除法对他来说太难，他决定放弃，会怎么样？这个关联将发生什么？（会保持微弱的关联或者关联完全断裂。）

- 让学生想一想他们学习新东西时感到沮丧的某个时刻。让他们想象这样的画面：每一次他们努力完成挑战并掌握新事物时，他们的神经细胞关联变得更加强大。让他们想一想面对挑战的时候神经细胞的关联。提醒他们："一旦你构建了强大的关联，你就增加了大脑的稠密度，事实上你让自己变得更聪明！"

- 你也可以让学生画出他们强大、微弱或者"尚未达成"的神经细胞关联。在纸上画一幅大脑的草图，让学生思考他们理解且非常擅长的知识以及正在学习但还没有完全理解的知识。图14和图15分享了一年级学生神经细胞关联的一些例子。看一看图16。卡玛仁的大脑显示对数学、拼写和越野摩托车有非常强大的神经细胞关联。然而他解释说，他最强大的关联是"烦扰我妈妈"——他觉得自己在这方面非常"擅长"！

2. 学习经历二：公路路线图

可以拿目的地和公路做一个类比来解释神经细胞和大脑的关系。譬如，在纸板上画一张学校的地图，然后问学生他们如何从学校回到家，或去商店，或去加油站等等。然后展示他们如何从一个地点到另一个地点。每一个地点（神经细胞）到另一个目的地有一条关联或者道路。你可以使用图18的地图帮助你在班上做展示。

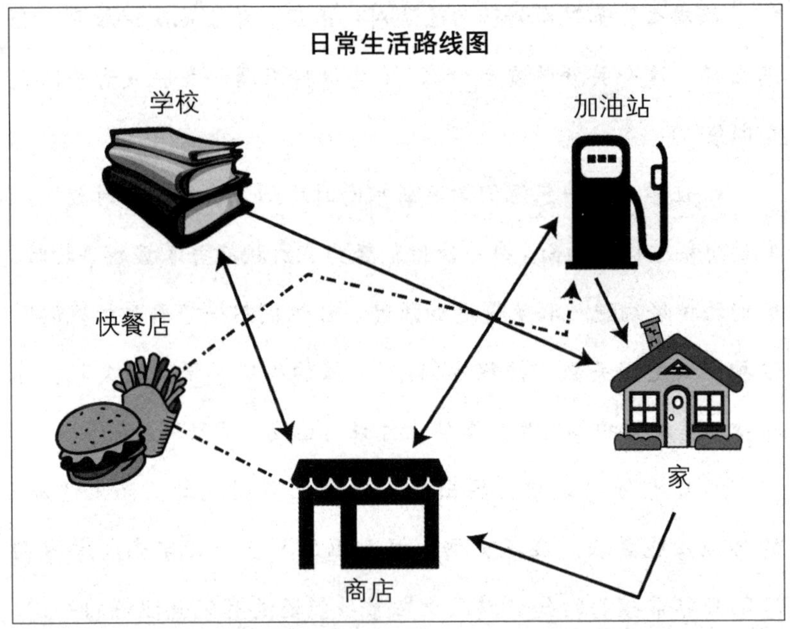

图18　解释神经元联结的地图

告诉学生：

有些地点有去很多不同地方的关联，另外一些地点的关联则较弱，因为你不常去那个目的地。当你学习一条新路线或当一条新路刚修成，这就产生新关联。神经细胞以类似的方法运作。它们产生成百上千的关联。你学得越多，产生的关联也就越多。它们行走得越多，学习能力就越强。

3. 学习经历三：视觉化

让学生想象自己正穿过一片未被探索的森林。你和学生探讨视觉化的时候，可以这样描述：

> 没有道路，没有被踩到的植物，没有东西可以引路。一条新的道路在第一次穿过一片未被探索的森林中形成。这条道路越频繁使用，挡在路中间的障碍越少，最终一条干净的道路产生。那条干净的道路意味着对正在教的内容有了清楚地理解。

4. 学习经历四：在玩耍中展示

小学生的课堂可以从http://www.giantmicrobes.com这个网站订购时兴的神经细胞玩偶。这些可爱的“大脑细胞”可以用来证明在学习期间产生的神经细胞关联。小学生尤其喜欢使用这些毛茸茸的“大脑细胞”来展示大脑的活动。幼儿园的孩子也可以参与展示神经细胞的关联。

5. 学习经历五：使用科技向学生展示动态中的神经细胞

网上有很多视频证明神经细胞的关联。卡西欧佩亚项目（http://cassiopeiaproject.com）提供免费的、高质量的科学教育视频。也可以通过校园Wax电视（http://www.schoolwaxtv.

com/search/node/neurons）获得关于神经细胞及其关联的视频。另外一个好资源是儿童神经科学网站，这个网站是在国家研究中心的科学教育伙伴奖支持下建立起来的，由埃里克·H. 库德尔负责运营。可以通过http://faculty.washington.edu/chudler/neurok.html这个网址找到该网站。

学生的年纪越大，对于学习和大脑的信息可以增添越多的细节。譬如，一旦学生对神经细胞关联有了理解，可以增加更多的细节。比较符合逻辑的下一步是介绍神经元，包括细胞体和细胞突起。细胞体在脑干和脊髓的灰质及神经节内，形态各异，常见形态为星形、锥体形、梨形和圆球形等。细胞体是神经元的代谢和营养中心。细胞突起是由细胞体延伸出来的细长部分，延伸至全身各器官和组织中，又可分为树突和轴突。每个神经元可以有一或多个树突，接受刺激并将兴奋传入细胞体。每个神经元只有一个轴突，可把兴奋从细胞体传送到另一个神经元或其他组织，如肌肉或腺体。讨论和展示神经细胞通路的产生之后，让学生完成一个形成性评估，以便你测量他们的理解情况。只需给孩子一张空白纸，让他们画或者写上他们学到的关于大脑的所有信息。教师应该提供并评阅形成性评估来检查学生的理解程度。如果有必要，和那些没有对神经细胞关联形成概念的学生一起学习，并以新的教学方式教他们。

学习任务范例三：大脑像一块肌肉

"什么？您的意思是我能够像锻炼肌肉那样锻炼我的大脑？"

——七年级学生

向学生解释大脑如同一块肌肉——你越用它，它会变得越强壮。通常对学生而言这样的比喻在概念上是容易理解的，尤其是当你使用以下展示过程：

- 向学生展示一个两磅举重器。（年纪大一点的学生也许想用一个五磅重的举重器。）让一个学生展示人们如何使用举重器锻炼。问以下问题："如果我让__________每天都用这个举重器锻炼，多次训练之后，他的胳膊肌肉会变成什么样？"我听过的学生回答包括："他将变得更强壮。""他的肌肉会变壮实。"以及"举重会变得更容易了。"向学生解释他们使用这个举重器训练越多，举重变得越容易。问学生为何会产生这样的结果。学生可能回答道："因为他每天都锻炼，他学会了如何举重。"继续问学生："如果他想接受更多挑战，想进一步锻炼更多的肌肉，他应该做什么？"

- 接着，给学生展示一个三磅的举重器。（年纪大一点的学生也许想用一个十磅的举重器。）将举重器递给要做展示的学生。

问学生跟两磅的举重器相比，这个举重器感觉如何？告诉学生这个举重器更沉一些，但通过训练举起来也会变容易的。教师可以通过以下例子进一步解释概念：将学生在学年早些时候学到的东西，与他们现在正在学的东西进行比较。一个一年级学生这样解释："轻一点的举重器就像你学会数到十。你训练数数直至变得简单。更重一点的举重器就像学会数到100！有点难，但如果你训练的话，也会变得更简单。"

- 让学生思考用两个不同重量的举重器训练与训练大脑有何类似之处。解释说我们需要一直试着学习新东西来帮助我们的大脑变得更强大！神经细胞有了更多关联使得我们的大脑更强大，就像我们的胳膊通过举重器的训练有了更多的肌肉。告诉学生："因此，即使面对一些真的很难或有挑战性的事物，也要知道你的大脑正在形成所有新的关联，而且大脑也正变得更强大！"

展示之后，进行一项形成性评估，让学生回忆到目前为止他们所学的大脑知识。将他们的回答制成图表。你想听到的主要内容如下：

- 你的大脑可以成长并且变得强大。
- 当你学习的时候，你大脑的神经细胞制造新的通路和关联。
- 你的大脑就像一块肌肉。
- 锻炼（学习并拥抱挑战）对你的大脑有益处。
- 当你学习一些从一开始就具挑战性的东西，坚持训练！这会帮你的大脑变得更加强大。

学习任务范例四：照顾你的大脑

向学生解释大脑得到足够的睡眠也很重要。研究表明缺乏睡眠影响记忆力，并增加完成某些任务的时间。让每个学生制定一个计划，确保每天晚上他或她都能得到足够的睡眠。

年纪大一点的学生可以研究一下人们公认的有益大脑的食物。对于年幼一些的学生，解释某些食物也会对大脑运转的方式产生影响。问学生是否知道哪些食物是极好的有益大脑的食物。使用图片或塑料食物模型，向学生展示一些最好的大脑食物。一次一样，展示并讨论以下食物：鸡蛋、鱼、坚果、浆果、香蕉。注意到学生应该吃这些食物，以及其他一些健康食品，而且大家应该有规律地吃，而不是在有考试的早晨才吃！一位五年级的学生在这个讨论之后宣称："我明天考试之前，打算吃蟹饼，在边上加蓝莓、香蕉和坚果。"这样的评述是一个很好的方式，展示了在所有时间照顾好自己大脑的重要性。向学生指出我们的大脑要"喝"许多水、保持含水量，这一点也很重要。

向学生解释体育锻炼也可以增强大脑的能力。锻炼会将更多的氧气输送给大脑。这些额外的氧气让大脑变得更加警觉。当人们有规律地锻炼时，他们通常能够增强自己记忆新信息的能力，而且在学业上会做得更好。

学习任务范例五：使用系列策略

在这项学习任务中，一系列围绕一个具体概念集合的物件帮助学生形成分类策略、分析物件的特性以及发现物件之间的关系。这一策略基于杰罗姆·布鲁纳的概念形成模型。对于形成批判性思维也是一个强有力的工具。有两种系列，即顺序系列和揭示系列。在揭示系列中，同时陈列所有物件。如果物件之间的共同关联明显，那么用揭示系列的效果会不错。重点应该是在群里寻找异同点。相互关联的一组动物玩具或者交通工具模型可以成为一个合适的揭示系列。若是一次摆出一个物件则使用顺序系列。摆出每个物件之后，教师记录学生写在索引卡片上的猜测，即这一系列所有物件都有什么共同的概念。每个物件展示完毕，拿掉没用的概念卡。这一系列的最后一个物件是验证器。验证器应该有助于强化该系列的共同概念。有可能许多保留下来的想法能够描述展示的概念，这样是可以的。和学生分享你的所思所想。或许他们能够想到一些额外的物件也符合这一系列。

和学生做这个任务时，建议展示以下物件：

- 玩具屋的床、枕头或与睡觉有关的另一个标志性事物
- 玩具自行车、溜冰鞋、球，或者代表运动的运动鞋
- 香蕉
- 瓶装水
- 坚果（如果有人对此过敏，用图片或者塑料的）

- 鸡蛋
- 鱼（塑料的或者图片）
- 科学书
- 一张学校的图，或者代表教室的某个东西

形成的共同概念是“对你大脑有益处的东西”，比如睡眠、运动、大脑食物、水（含碳水化合物）、阅读和学习。这一系列完成之后，询问学生活动的过程：“我每次拿出一个物件，你正在想什么或你的大脑正在做什么？”让学生知道他们刚才正锻炼他们的大脑，通过想出所有的想法（指着分类卡片）让大脑变得更加强大。向学生解释，如果他们的某个想法和老师的一样，没有关系；他们通过思考系列中物件之间的关联让自己的大脑更强大！

和学生一起回顾能够让我们变得更聪明的所有不同方式（指着系列策略）。告诉他们：“要坚持相信如果我们努力尝试，我们的大脑能够成长，这很重要。”讨论“努力”一词的含义，让学生分享他们有关付出努力的方式的具体例子。

鼓励学生抱持成长型思维模式

完成一些或全部教授学生大脑如何运作的知识的初步课程之后，你可以向他们介绍产生成长型思维模式背后的想法。向学生解释如果我们总是相信通过努力和毅力就能够学习而且变得更聪明，那么我们将有一个成长型思维模式。向学生展示图19的成长

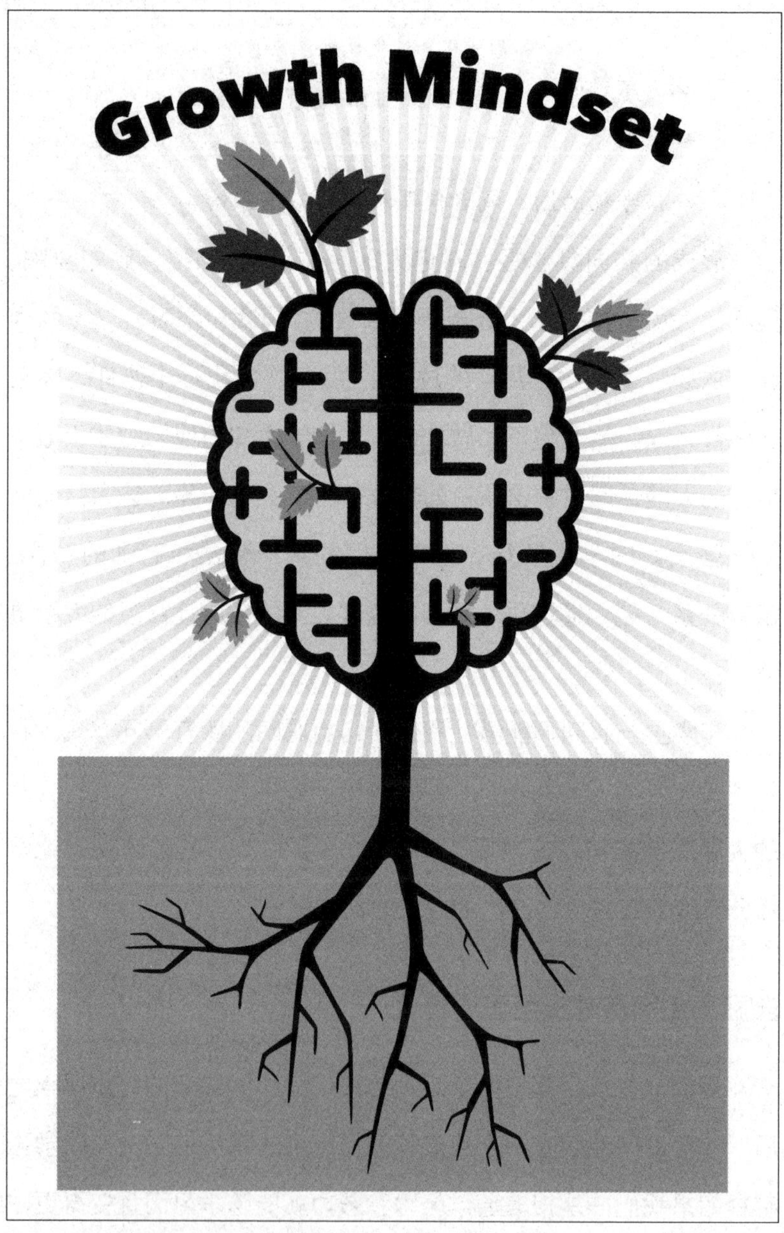

图19　成长型思维模式的海报

型思维模式海报。

学生理解成长型思维模式的含义之后，向他们介绍固定型思维模式的概念。告诉学生：

> 人们有时不相信通过努力能够让他们变得更聪明。这些人抱着固定型思维模式。因此，如果你听到自己说“我对数学/阅读/运动不太擅长”，这就是固定型思维模式。相反如果你说“数学有时对我而言是困难的”，这就意味着你得总是更努力地尝试和训练让你的大脑在数学方面更加强大。

展示抱有固定型思维模式的人的内心对话（如上所述），直接使用这样的例子有助于学生理解他们在过去对某个任务或事件可能带有固定型思维模式。鼓励学生思考他们自己的生活中，他们所喜欢的书籍、影视作品中的人物所持有的成长和固定型思维模式的例子。

进一步和学生分享，让他们想要一直力求带有成长型思维模式。告诉他们：

> 我们有时觉得自己不能学某些新事物，如新的电子游戏或使用一个新手机，或讲另外一门语言，但接着我们提醒自己带有成长型思维模式，而且意识到如果我们

保持自己的动力、训练而且非常努力地尝试，那么我们几乎能学会任何事情！在我们班上，我们将每天都构建成长型思维模式的课堂。我有时可能会指着我们的成长型思维模式海报提醒你们要坚持。我们每一个人将永远坚持，绝不放弃，而且提醒我们自己去拥抱挑战。

通过阅读教给学生毅力和坚持的力量

通过文学教毅力是一种非常有效的方式。指出并讨论反映毅力、坚持和努力的书：

- 在班级中讨论沃蒂·派柏的《小小发动机的能量》这本书之后，提出这个问题：如果小小发动机认定他“不能做到”而不是“能够做到”的话，故事会发生怎样的变化？如果我说“我认为自己不能做到”而不是“我认为自己能做到”，那么会发生什么？

- 凯思琳·克鲁尔的《威尔玛无极限：威尔玛·鲁道夫如何成为世界最快的女士》——这是跑步者威尔玛·鲁道夫的故事。首先注意书名的用词“无极限”。让学生猜测作者为何选这个书名。接着，读过这本书之后，再次讨论书名，这时更侧重讨论威尔玛的毅力。

- 玛丽·霍夫曼的《令人惊奇的格蕾丝》中，格蕾丝想在学校戏剧中扮演彼得·潘，但受到抵制；讨论格蕾丝如何坚持自己的想法。

- 格雷格·路易斯和黛博拉·肖·路易斯的《有禀赋的双手：本·卡森的故事》（儿童版）——这是关于一个男孩的真实故事，即他从“班级蠢蛋”成长为优秀的儿科神经外科医生。讨论本·卡森如何坚持达成他的目标。

锻炼毅力的游戏

通过第四章讨论的批判性思维与成长型思维模式的形成的作用，教师会发现当学生参加的推理游戏变得更复杂时，他们为学习任务锻炼了毅力。思考乐游戏逐步变得更有挑战性，因此锻炼了毅力，包括固化巧克力、砌砖头、俄罗斯方块、高峰期、数学小骰子等游戏也是。看到那些一般会放弃的学生，他们坚持并试着达到下一个层面的挑战，这很棒。有若干理由表明可以在课堂上使用这些游戏。首先毅力是针对数学练习的共同核心州标准之一：弄明白问题并坚持解答这些问题。另外一个理由是这些游戏也构建推理过程。可以将它们作为学习的中心或定位活动，上学前后都可以玩，小学生的室内休息时间也可以玩。

引导学生正确看待失败的价值

学生挣扎其中的一个领域是对失败的看法。这对有天赋的学生、完美主义者以及那些父母迫切希望子女成龙成凤的学生而言尤其辛苦。所以教师应该一有可能就要利用机会讨论失败的价值。

让学生分析一个场景、引言或电影片段是让学生参与讨论失败价值的一个有效方式。譬如对年纪大一些的学生，可以分析和解读玛雅·安琪罗的名言“你可能遇到许多失败，但你不会被打败。事实上遭遇失败可能是有必要的，这样你才能知道你是谁，从哪里站起来，如何从中走出来。”这句名言可以当成引发关于失败价值的批判性讨论或辩论的一个工具。

年纪小一些的学生可以给他们展示一个电影片段后一起讨论。如前文提及，在迪斯尼的《遇见罗宾逊一家》中有一个场景：路易斯创造了一个发明，即将花生黄油和果冻掺合在一起，结果失败了。（在YouTube视频网站找“《遇见罗宾逊一家》的失败场景”。）路易斯双手掩面，为自己失败的发明道歉，这时暂停视频。接着问学生以下一些问题：

- 男孩对他发明的结果作何反应？
- 你觉得他为何如此反应？
- 他接下来将会做什么？
- 如果你是这个男孩，你会如何反应？
- 你认为房间里的大人会对这个情况作何反应？为什么？

继续展示视频的余下部分，大人们很开心地叫喊：“你失败了！从失败中学习，从成功中没能学多少。”继续让学生参与讨论：

- 大人为何如此反应？
- 他们说“从失败中学习，从成功中没能学多少。”这句话是什么意思？你赞成这样的表述吗？为什么？

● 想一想某个时刻，你做了什么事，结果失败了。可以是做功课、学弹奏乐器、制作黏土锅、滑冰等等，任何事情。（给学生一个思考的机会。）现在想一想你如何面对失败。你放弃了吗？你试过另一种方式吗？还是再次以同样的方法尝试？你生气了？哭了？庆祝了？

● 让我们头脑风暴一些能够以积极的态度反应的方式。我们没能成功时，我们能够反思或叩问自己什么？

此次班级讨论之后，继续回顾并反思这一学年对失败的反应。这个主题可以纳入写作任务、辩论或对人物、历史人物以及曾经失败过的科学家的分析。这次学习经历可以给一些学生带来真正的影响，他们从中看到努力和辛勤付出最终会得到回报。除了讨论以下著名的失败案例，让学生设想失败案例中的人的视角。有些学生可能乐意进行角色扮演。譬如，给学生一个类似情景：“你是一名科学家，你的工作是发明最强力的粘合剂，但与此相反，你发现自己发明了一种可重新利用的粘合剂。你对此有何反应？”

一些著名的失败案例包括：

● R. H. 梅西：梅西百货商店的创始人有过七次失败的商业尝试。

● 桑德斯上校：哈兰·戴维斯·桑德斯著名的鸡肉被拒绝了1009次后才被一个餐馆接受。

● 托马斯·爱迪生：他对自己的理念做了1009次实验之后才

发明了电灯泡。

- Post-it便利贴：3M公司的一位科学家正在发明一种超强的粘合剂，结果失败了。然而，他意外地制成了一种可重新利用的、对压力敏感的粘合剂，后来被用于制作便利贴。

- 巧克力碎片曲奇：露丝·威克菲尔德是托尔旅馆的主人，她试着照菜谱做巧克力曲奇的时候，发现她想做的是烤巧克力。之后她决定把甜巧克力弄成碎片，加入曲奇面团，她觉得这些巧克力在面团烘焙时会融化。然而，巧克力碎片仍然黏在一起。她最后没有做成巧克力曲奇，但通过这次失败却发明了巧克力碎片曲奇。

分析作家和人物的学习任务范例

和你的学生一起做头脑风暴，列出一年来他们通过阅读认识的人物（小学和初中水平）或者头脑风暴回想他们学过的作家（初中和高中水平）。在卡片上记录这些名字，将学生分成两人或三人一组。给每个小组一张写有人物或作家名字的卡片。（这时候可以有一些非常细微的差异性，给那些喜欢挑战的学生复杂一点的人物或作家卡片。）每个小组将通过成长或固定型思维模式的视角分析人物或作家的行为、语言和书面表达。譬如，一些二年级水平读物中的人物可能包括《令人惊奇的格蕾丝》里的格蕾丝和《亚历山大和他的可怕的、恐怖的、不好的、非常糟糕的一天》里的亚历山大。

十年级英语课上的作家清单包括亨利·梭罗、拉尔夫·沃尔多·爱默生、艾米丽·迪金森、弗雷德里克·道格拉斯、F. 司各特·菲茨杰拉德和马克·吐温。教师可以在索引卡片上写被研究作家的选择项，然后将卡片发给学生。学生两人或三人一组讨论他们对作家的了解以及找出需要的额外信息。教师会让学生查找作家生平或作品中可能表明某个固定或成长型思维模式的证据。学生必须准备具体的证据来证明他们的判断是合理的。譬如，一组学生可能做如下分享：

> 我们认为弗雷德里克·道格拉斯带有成长型思维模式，有许多理由可以证明这一点。一个具体的例子是他珍视努力和毅力，这个例子可以在《弗雷德里克·道格拉斯的自传》第58页找到；他解释自己如何以一个非传统的方式学习读和写——抄写刻在木材上的字母以及其他一些新颖的方式。他说："就这样，几年漫长、辛苦的努力之后，我终于学会书写。"弗雷德里克·道格拉斯一生中成长型思维模式的其他例子包括……

每个小组陈述他们的论点之后，应该将卡片大概分成三份：固定型思维模式、成长型思维模式以及固定和成长型思维模式。接着学生可以边看分类，边开始归纳与成长或固定型思维模式相关的作家、时代、文学哲思及运动。

标题	摘要	视频片段
《面对巨人》	戴维错过一个球场射门之后，父亲告诉他除非相信自己，不然射门不会成功。	http://www.wingclips.com/movie-clips/facing-the-giants/accept-defeat
《罗恩·克拉克的故事》	克拉克先生的班级在州考前的测试中表现很差，他给学生上了一堂相信自己的课。	http://www.youtube.com/watch?v=zHMmvD47rX8&noredirect=1
《罗莎·帕克的故事》	上罗莎这门课的班级有个女孩问：如果他们最后将为白人服务，为何还需要学习？	http://www.wingclips.com/movie-clips/the-rosa-parks-story/no-one
《幸福来敲门》	对克里斯·加德纳的面试。观察面试桌两边固定和成长型思维模式的证据。	http://www.youtube.com/watch?v=gHXKitKAT1E 面试一结束就停止播放视频。
失败	30秒的耐克广告	http://www.youtube.com/watch?v=45mMioJ5szc

图20　建议播放的思维方式视频片段

一个类似的任务是在课堂播放真实生活或电影人物的视频片段，使用类似图20的人物。让学生讨论观看的视频片段，使用类似的作家研究图表让学生对人物的反应进行分类。

概念定位策略

概念定位策略受概念形成模型的启发而产生。跟系列策略相似，只是通常构建一个较为抽象的概念，只使用一张纸或者一张投影的幻灯片或翻转图。概念定位可以通过电脑或视频片段剪辑形成，比较有挑战性的部分是决定用什么图像来传达概念。

概念形成和做关联有关，发现物件信息的关系，从中定义概念。概念形成是学习新想法所要求的一个关键技能。有没有一个基于正在学习的内容领域的概念，你想让你的学生使用图像建构？选择一个较抽象的概念能够达到最好的效果。譬如，“关系”一词比“宠物”一词更有效。其他一些发展概念定位的指导方针如下：

- 一旦你选择了一个概念，做头脑风暴，想一想什么样的图像可以代表这个概念。
- 如果你用电脑进行概念定位，打开一个Word文档，向其中增添图像。可以使用截图或插入在网上找到的图片。三到六张图通常足以构建一个概念。
- 在概念定位的中间放入一个文本框，写上：“找一对含有共同概念的物品。找三个含有共同概念的物品。所有这些图像都含有什么共同概念？准备好证明你的思考。”

形成概念定位的具体做法如下。

接下来，在一个教学顺序里决定如何使用定位：作为一个预评估还是形成性评估？激活背景知识？作为学习新信息的工具？作为讨论的跳板？可能性是无穷尽的。

让学生安静地看着定位。给每个人指定的时间（2到3分钟），接着使用与下面类似的问题询问他们的想法（不然思维敏捷者会占优势）：

- 谁能找到两样从某种方式上看相同的事物？（听所有学生的回答。这时观察或聆听有没有答案在图像之间产生独特关联。）
- 谁能找到三样从某种方式上看相同的事物？（听所有学生的回答。这时观察或聆听有没有答案在图像之间产生独特关联。）
- 现在，让我们找所有图像的相同之处。（听所有学生的回答。这时观察或聆听有没有答案在图像之间产生独特关联。）
- 有人会提出一些想法添加另外的含有共同概念的事物，让我们听一听这样的想法。
- 请你们思考我为何给我们班选了这个概念。你们认为我们将谈论什么？你们认为我们正准备学习什么？（这个问题问的应该是策略的内容关联。）

你可能考虑发展的概念定位包括以下几点：

- **概念定位一**：具有潜能的事物。图像包括给花浇水、太阳板、大厦的蓝图、玩积木的孩子、一个展露肌肉的小孩，而对年纪大一点的学生可以是菠萝。菠萝展示了潜能，因为它们经常还没完全长成就被摘下来，这样它们在被剥出果肉、切成片并装入罐头这一过程中尺寸能够保持一致。如果菠萝得以完全长熟，那么关于菠萝可能具有的潜能可以加入一个附加的讨论。会不会变得更甜？果汁更多？会长成多大尺寸？将概念定位和讨论结合起来，回到学生自己的潜能。（见图21）

- **概念定位二：**神经细胞网络。学习习惯有助于大脑学习。图像可以包括：两个学生一起学习（合作性学习）、一个诸如为湖区而备的HOMES记忆设备、一张关于各种闪卡的图片、一个被重复使用的数学公式，以及一个思考新的学习并应用到其他事物上的小孩。讨论完概念之后，学生可以以此反思他们自己的学习习惯，制定计划改善这些习惯。（见图22）

- **概念定位三：**集中注意力。可以帮助大脑精力集中的事物。图像可以包括：放着食物的盘子代表一顿好的早餐、一个代表没有电视或电子设备的图像、一个睡觉的小孩、孩子们在外面玩游戏，以及一个使用他或她的所有感官——听觉、视觉、嗅觉、味觉、触觉——的学生。讨论可以侧重于为何这些事物能够帮助大脑运转并发挥它最好的能力。学生可以制定计划改善他们自己的大脑功能。（见图23）

教会学生乐观精神

一个乐观的大脑是一个快乐的大脑。神经科学家发现，持续

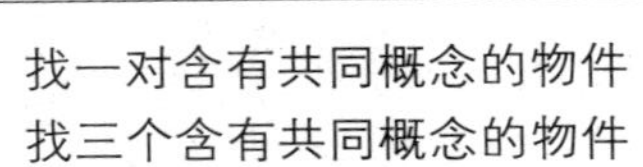

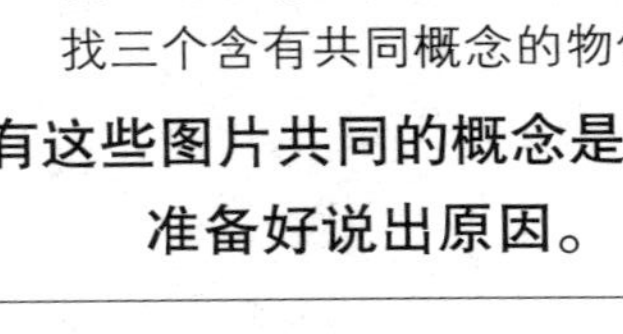

图21　潜能概念定位

找一对含有共同概念的物件

找三个含有共同概念的物件

所有这些图片共同的概念是什么？

我知道我可以在数学课使用。

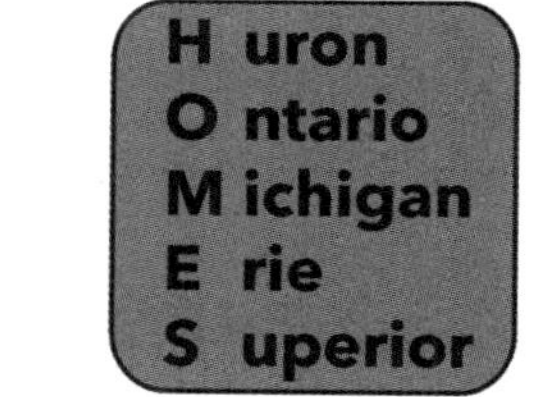

图22　神经元网络概念定位

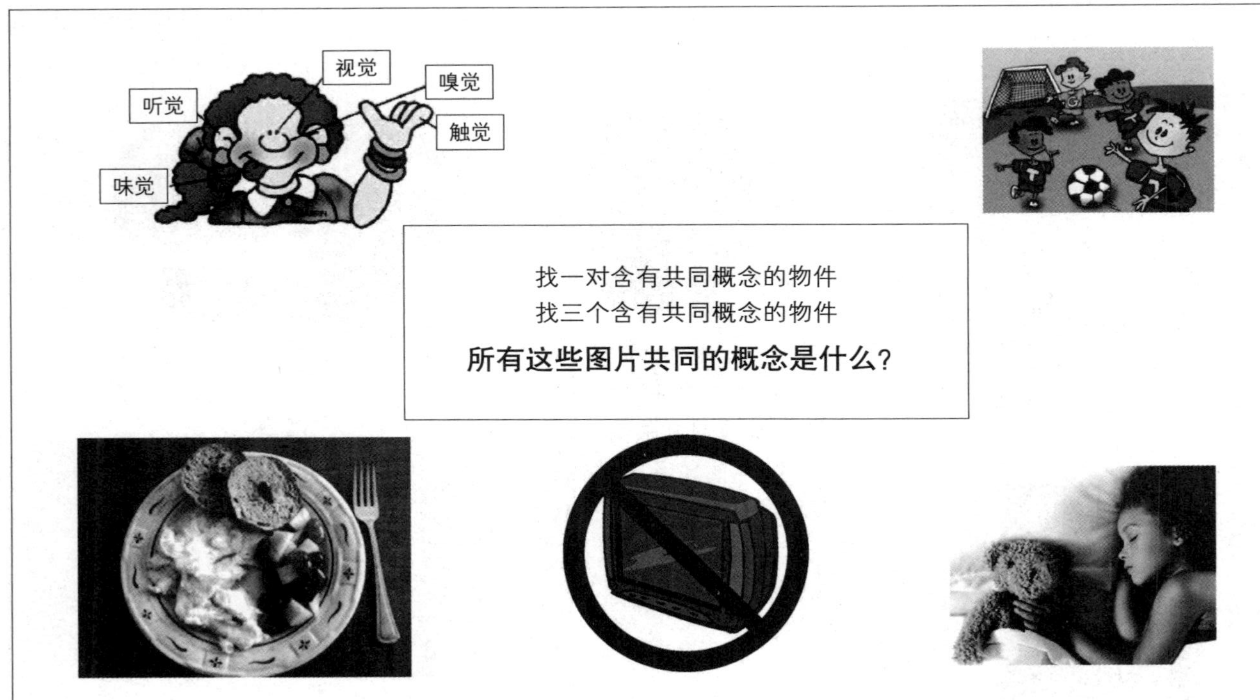

图23 集中注意力概念定位

的消极或积极的想法与感情会影响大脑活动，并对学习产生影响。好消息是你可以训练自己的大脑，让自己成为一个更乐观的人。一个成长型思维教学的课堂是一个乐观的课堂，这是讲得通的。可以将一些相关的简单常规放入课堂来培养乐观主义。

首先是感恩日记。学生应该一周有几次机会来写他们的感恩日记。他们可以只是列出一些他们感激的事情，或者就他们感激的某件具体事写一两段话。我拜访的一个幼儿园班级，学生自愿与我分享他们的日记。他们或写或画自己心怀感恩的事情。我看到很多玩具、视频控制台、食物和家庭的图片。我注意到一个男孩画了一张手表的图片。我问他为何对手表心怀感激，他解释说事实上这是他父亲的手表，是小男孩的曾祖父送给父亲的。他最近发现这块手表有一天将是他的，而他意识到这是一块特别的手表，因此他对未来会发生的事情表示感激。

去年圣诞节，我15岁的女儿决定送给她所有朋友一个感激罐。她给每个罐都装饰了一下，写了一条信息让她的朋友们每一天都拿出一张小纸条（纸条由她提供），写一件他们感激的事。然后在新年前夕，他们将聚在一起细数来自这一年的许多恩惠。教师可以在班上开展诸如此类的过程。每一天每个学生都能对一个提示作出回应，如“今天我遇上一件好事”，“我拥有美好生活的一个理由”，或“今天我对这些事情心怀感激”。学生可以将他们的回应放入个人或集体的盒子里。这项练习主要是为了训练乐观主义。让学生每天都看到好的一面，他们也因此让自己的大脑变得乐观。当然，乐观主义需要教师和职员每天都充当榜样和施行训练。

课堂和教学楼里设置的成长型思维模式提示

除了介绍关于大脑可塑性的具体课程和使用网上资源，还可以想一想将信息纳入教学内容和课堂学习氛围的方式。以下是一些可以在课堂或教学楼张贴的视觉触发物，可以用来强化信息：

- 成长型思维模式的海报（见图19）
- 代表成长型思维模式的图像

  小学课堂：沃特·迪斯尼、迈克尔·乔丹、奥普拉·温弗里、哈兰·戴维斯·桑德斯、亚伯拉罕·林肯、贝多芬、贝比·鲁斯、J. K. 罗琳、弗雷德里克·道格拉斯

  STEM课堂：托马斯·爱迪生、阿尔伯特·爱因斯坦、罗伯特·戈达德、比尔·盖茨、本·卡森

  英语或阅读课堂：阿加莎·克里斯汀、史蒂芬·金，J. K. 罗琳
- 启发式的引言也有助于形成成长型思维模式。

  “我们保持向前进，打开新门，尝试新事物，因为我们是好奇的，好奇心一直引导我们走上新的道路。”

  ——迪斯尼

  “你可能遭遇许多失败，但你不会被打败。事实上，

你有必要遭遇失败，这样你才能够知道自己是谁，从哪里站起来，如何从中走出来。”

——玛雅·安琪罗

“许多人生的失败是因为人们放弃的时候没有意识到自己距离成功那么近。”

——托马斯·爱迪生

“所有以前的。没有什么了。曾经试过了。曾经失败了。不要紧。再试试。屡败屡战。”

——萨缪尔·贝克特

“你走得慢没有关系，只要你不停下来。”

——孔子

“任何事情没完成时，看起来似乎都不可能完成。”

——纳尔逊·曼德拉

“不要将一次失败和最终的失败混淆起来。”

——F. 司各特·菲茨杰拉德

“你一旦学会放弃，这将成为习惯。”

——小文斯·隆巴尔迪

有许多方式可以用来在课堂上、学校里继续构建成长型思维模式的信息。最重要的一点是与信息保持一致。

天赋优势教育和成长型思维教学是否可以共存

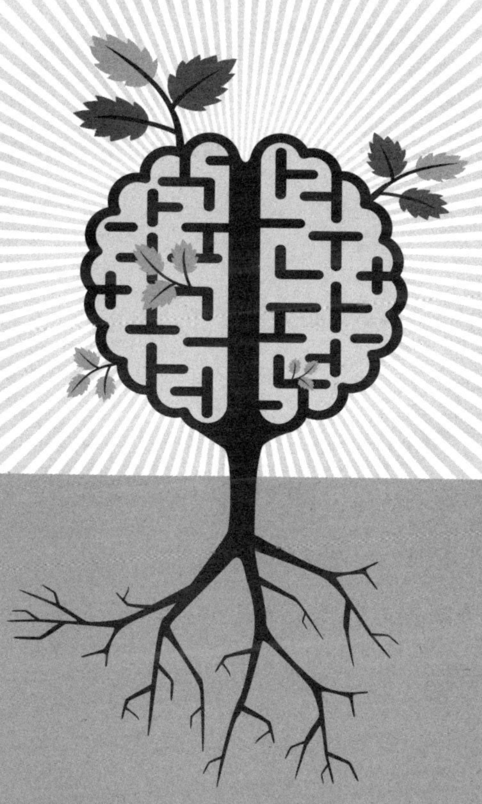

"如果我在某个测试中失败，我正学着不要放弃。"

——十年级学生

美国天才儿童协会（缩写NAGC，National Association for Gifted Children）于2012年5月召集一群学者和执业者举办了一场峰会。此次峰会期间讨论的主要议题之一是参加高级项目的障碍。结论是障碍之所以存在的其中一个主要原因是对于天赋的概念只是强调和重视已经发展的能力。

如果一个学校或者体系考虑学生加入高级项目时，严重偏向已经发展的能力、才能或表现，那么许多学生会被忽略。根据报告：

> 住在文化氛围浓厚的家庭和社区的孩子，阅读、写作和语言被认为是他们学业成功的关键，而不大可能住在这样环境下的孩子在这一过程中经常不被认同。在许多案例中，本来有能力的孩子可能在某次测试或其他评估中不能证明他们进一步学习的潜能，直到他们能够接触挑战性课程和丰富的学习机会。

想一想最后一个短语——“接触挑战性课程和丰富的学习机会”。你们学校或学区的学生如果没有展示已经发展的能力，他们能够得到这些机会吗？你们学校或学区有什么方式允许学生接触挑战性的教学经历吗，尤其是那些有潜能和动机得以成功的学生？

天赋优势标签

现在让我们想想将孩子贴上“天赋优势”标签的做法。告诉孩子她是有天赋的，这难道不是固定型思维模式的做法吗？这要回溯到成长型思维模式表扬的重要性。成长型思维模式的表扬是表扬一个孩子所做的，而不是他是什么样的。我们绝不会说：“你真聪明。”这样说意味着说“你是有天赋的”，二者传递了同样的信息，即孩子有永恒的特征，而且那些特征会被评判。

卡罗尔·德韦克进一步解释：

> 年轻人相信他们有天赋，因此他们是聪明的或者有才能的，这样他们就可能不会努力学习来保持才能，更有甚者，许多学生仍然收到天赋标签，而他们的父母又对此欣赏，这样可能让一些入学的孩子变得过度谨慎而逃避挑战，以防自己犯错，配不上这个标签。

2012年5月，在巴尔的摩召开的一次针对教育工作者的会议上作主题发言时，卡罗尔·德韦克也分享说："太过强调谁有天赋会让孩子们认为他们是万无一失的。"认出有天赋的学生，并将他们组合在一起，这有助于成长型思维模式的文化吗？这些做法会向那些被认为有天赋的学生以及余下的学生传递什么信息？

戴比·希尔弗以前当过科学课的教师，现在是大学教授，她分享了自己的儿子被认为是天才的一次亲身经历。儿子读四年级时被选进一个天赋和才能新项目时，她感到骄傲。然而，她观察到儿子参加这个项目使他产生一种理所应当的感觉，即他比其他人来得聪明：

> 有时候，我无意中听到他所在的天赋班的孩子对他们的同学说了一些诋毁的话语，认为那些同学"不太聪明"。我认为天赋项目的设计者应该注意思维方式，而且注意鼓励学习者的成长而不是固定型思维模式。

希尔弗继续说，她感到儿子不能像大多数学生那样真正享受学习的过程，因为他总有这样的心态——“不负期待，每件事都做到最好。他通常喜欢能够反复地赢得游戏，对那些他不能够马上做到最好的领域很快就失去了兴趣。”

《天赋孩子季刊》（2012年10月版）有这么一篇文章，即《基于心理科学对天赋教育的提议》。文章作者（苏博特尼克，奥尔则温斯基-库比柳斯和沃雷尔）针对天赋教育的现行做法提供了很多令人思索的提议，或许其中一个更值得注意的点映射了成长型思维模式的信念：“决定个体具有天赋与否不在于他们是什么样的人，而在于他们都做了什么。”这是向努力的致敬。文章作者继续解读天赋：“越来越多的文章重视才能的发展，有人争论将孩子们的天赋描述为潜能可能最好。”作者接着描述这样一种持续发展观：一开始是潜能，发展到成就（许多人认为这就是“天赋”之处），结果可能或不能使得才能完全发展，或者正如作者所说——达到“显赫”。在发展的每一个阶段，教学必须回应学生的需求。在第三个阶段，即显赫的达成阶段，学习者必须有机会发展他或她的强项以及以独特的方式发展主要且具体领域的能力。作者建议这些主要且具体的强项应该是教育工作者帮助进一步发展的领域，即使这意味着在初中介绍高中的主要学习内容，在小学介绍高中的主要学习内容。

思考以上提及的研究，教育工作者和家长应该慎用天赋标签。首先，毋庸争论的是并非在各种传统和非传统的领域所有孩子都具备“天赋”和“才能”。教育工作者应该有节制地使用“天赋”这个词条。或许当学生达到显赫阶段，或者当孩子在他的同龄同学当中相当突出，而且他的学习需求远远超出所在年级水平，这时需要一个非常不同的教学场景，天赋的标签才可能能用上。

在2011年的一次采访中，加州大学伯克利分校研究员弗兰克·沃雷尔，将天赋描述成“罕见或非同寻常”的事物。他延伸了他的解释：

> 一个四岁的小孩能够写出不错的诗歌可能被认为是一个天赋作家，而一个青少年写出同样的诗歌却不被认为有天赋。四岁小孩的表现甚至跟其他优秀的四岁小孩相比也是罕见的，但写诗在青少年当中是非常平常的事，因为他们写诗是为了得到分数。如若一位青少年能够对诗歌进行批评，这可以当成天赋。类似地，一个在13岁就念本科的学生可能被认为有天赋，而一个18岁的学生开始念本科并不被认为有天赋。最后，只有少数的个体被招入国家运动队，但我们一般只把那些拔尖的当成有天赋的个体，尽管被招入国家队本来就是罕见的现象。
>
> 总之，天赋这个词条应用于那些甚至跟在某个领域也有突出成就的其他人相比也罕见的、高级的成就。

与其过度使用天赋这个词条，不如考虑使用其他的词或短语，如“高潜力”的学习者或者“动机强烈”的学习者。每个人的潜力都需要培养，因此可以多用“潜力”（不是“可能”）这个词，而不是“天赋”。另外，当学生的教学需求不断得到满足时，“天赋”这个标签也变得不重要了。学校必须采用一个差异性的、回应式的教学模式，如第三章所述。教育工作者必须努力发展每个小孩的才能。如果学生的需求在教学过程中得到满足，那么将有天赋的学生分成一个独立小组就没有太多必要了。

早期能力分群

幸好全国大部分学校没有在小学阶段就开始将孩子分入独立出来的天赋班。那些设有天赋班的学校不管对天赋班的学生还是非天赋班的学生都没什么益处。对于进入天赋班的小学生，一直存在固定型思维模式的情境——“我是聪明的，因此我最好不要失败。”——而且在许多案例中，这些学生将躲避在智力上冒风险的机会，就如戴比·希尔弗描述她四年级儿子的情况。而且如此分班给非天赋班的学生又传递了什么样的信息？

这里有一个我经历过的例子，即关于如此分班制造的消极信息。在一个郊区学校，四年级的学生分成三个班。两个班称为“四年级天赋班”；最后一个班级是余下的学生。许多有见识的家长都希望他们的孩子进入天赋班，而且会尽自己所能让孩子都搭上“天赋”这趟快车。这个学校采用主观的方式分班，没有通过认知评估，而是严重依赖学生已经发展的能力。普通班的课程和天赋班的课程在四个主要的内容领域——阅读、数学、社会研究和科学——区分开来。

普通班有个学生家长给学校天赋办公室打电话，描述了她女儿罗莎在普通班的经历。你可能一开始认为她打电话是为了让自己的孩子进入天赋班，但情况不是这样，家长觉得带有差异性的普通班对她女儿来说正合适。家长汇报说，自从四年级分出了天赋班，罗莎经历了很多变化，尤其是她看待自身被期待值的方式。罗莎感到所有聪明的孩子肯定都在另外两个班级，因此学校教师不认为她是有能力的。罗莎的观点（或许她学校的教师也是这么想的）是她的老师没有对她抱很高的期待值，对她班上的其他同学也是如此。这个做法的结果是，她不相信自己能够变得更聪明，即使做到最好也不行。罗莎被放在一条轨道上，而这条轨道导致她认为自己不能接触不同的、更有挑战性的学习机会。对于那些没被选入天赋班的学生，信息如此清晰响亮："我们没有对你们期待太多。"

一些具备"天赋"学生的家长可能争论小学阶段的天赋班不仅要设置，而且应该具有排他性，因为其他学生的能力可能还没完全发展，可能拖他们孩子的后腿。他们认为学校政策和生活信条必须为那些学得快的、天生"聪明"的或已经"达到目标"的学生制定。许多校区的天赋政策导致了固定型思维模式。这些政策导致学生、家长和教育工作者相信在早期将孩子分类是好的做法。

情况并非如此。在孩子年幼时回应他们的学习需求才是正确的做法。需要透过潜能和可能性的视角继续观察和评估学生。教育工作者必须学会认出学生身上的智力火花并提供合适的挑战。在每一年级，在每一个内容领域，不管什么时候只要孩子们需要，都能够接触挑战性的学习。

根据这个说法，有不少小学生需要一个学习场景允许他们进一步发展天赋和才能。这些就是沃雷尔博士提及的“罕见和非同寻常”的孩子。所有学生需要求知同伴。这是对的，尤其是当某个学生在能力方面特别突出的时候。学校和体制确实需要思考解决办法来满足学生的需求，即他们在邻近学校没有求知同伴。如果在中等或大范围地区，应该为这些出众的或高天赋的学生设立一个中心。或者从四五年级的时候开始，为那些当地学校没能满足他们需求的学生在中心地区设立教室，这些中心能够给这群学生提供机会满足他们的教学需求，让他们深度发展某个具体领域的强项。这些中心也应该能够组织一个智力学习小组，安排支持天赋教育或有相关证书的教师担任中心的老师。此外，这些学生的社会和情感需求也不能被忽视。最好是指导老师在社会和情感挑战方面有专业知识。这些挑战包括但不局限于不同步发展、过度兴奋以及完美主义等议题。

不管学生在哪里受教育，在这些场景中应该设置好差异性、回应式教学策略，也应该有一系列背景知识、机会和能力。我记得接过一位校长的电话，他担忧天赋班里的一名学生。这个孩子正在掉队，校长考虑让他退出天赋班。为了获取更多信息，我开始问问题。第一个问题是关于差异性——那个孩子在预评估中表现如何。我也问及课堂灵活分组的活动。校长回答说："你难道没听我说么？我说这是一个天赋班。我们不在天赋班搞差异性。"这个回答清楚地告诉我一些教育工作者是如何看待高能力学习者的班级的——他们同等对待学生。

在小学阶段，大多数学生的需求必须在有灵活学习小组的回应式、差异性的课堂上得到满足。在初中阶段，由于招生人数比较多，分出同等智力小组的可能性比较大；因此，提供的教学选择可以是"标准"和"高级"、"加速"、"丰富"或"荣誉"课程（注意，没有班级被列为"天赋"）。应该期待所有水平的课程都实行差异性、回应式的教学。参见第三章关于在所有课堂创造差异性、回应式教学方式的概述。

如果学生相信通过努力和毅力，他们在有挑战性的教学环境里将成功，那么他们更可能成功。这一点在NAGC所发表的"解开才能之锁报告"中得以证实："如果学生认为他们在高级课程中受欢迎，教师期待他们能够做好，那么他们更可能通过更多的努力和坚持从挫折中站起来。"

构建自己的优势教育哲学

反思你所在学校或学区的天赋哲学。如果你当前没什么想法，考虑建构一个包括以下几点的哲学：

- 天赋的概念是强调潜能和可能性。使用的词和短语如：接触、潜能、发展、培养、动机、所有学生、回应式、信念、才能发展、期待。

- 课程发展涵盖预评估和形成性评估，以及发展和观察包括批判性和创造性思考的才能/潜能的做法和策略。

- 对潜能认识的认同过程包含各项内容、使用一系列的标准、使用当地的方式、不依赖参照或者指名——必须收集所有学生（而不是仅限那些被推荐的）的数据。这个过程必须涵盖直接的教学内涵，而并非一个“独立出来”的过程。

- 认出学生的需求，以及如何通过教学和社会情感指引满足他们的需求。天赋优势标签并不重要，理念应该是对学业需求的回应。

- 差异性/回应式教学总是考虑到对所有学生丰富教学内容的可能性，以及加快学习内容的进度。记住，这是所有学生都可以接触的，而不仅仅是那些带标签的学生。

如果一个学校或学区的天赋教育哲学采用了成长型思维模式，可能听起来如下。

学前班—幼儿园—12年级的学生将有：

- 课程涵盖发展潜能的策略，允许才能的发展，融合21世纪学习技能，培养所有学生创造性和批判性认知能力。

- 所有学生都能接触丰富教学内容和加快教学进度，尤其是那些有能力、潜能和动机迎接挑战的学生。

● 教学回应所有学生的需求，包括预评估、课程紧凑、灵活分组、严格的丰富内容和加快进度的经历、有所区分的形成性和总结性评估，以及施行差异化因材施教、回应式教学。

● 教育工作者采用一个信念体系来契合关于心智可塑性的成长型思维模式，并内化神经科学研究的证明，即有一个恰当的教学菜单，加上毅力、努力和学习者的动机，每个人都能变得“聪明”。

对于那些真正出众的学生：

● 与同龄人、同样经历和同种环境的学生相比，那些证明能力不同寻常的学生，以及在一个普通教室需求得不到满足的学生，他们需要一个教学环境。

注意到上面的文字内容了吗？“天赋”根本没有具体提及。发展的并不是天赋哲学，而是针对所有学生的教学哲学，差异性、回应式教学，课程发展以及教师的信念与期待。除了最后一点——设置求知同伴的需要针对出众的学生，所有其他点都是关于强烈的、差异性、回应式教学的——每个人学生都有资格享有。每个学校或学区的目标是发展一套指向我们最高级学习者的需求，同时也允许所有学习者接触的教学哲学。

开发一个与家长分享
成长型思维模式的信息通道

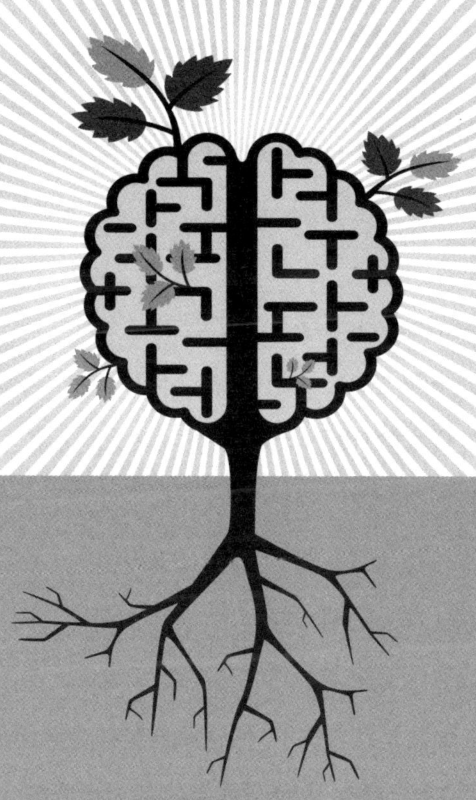

“你可以向我父母解释失败的价值么？”

——11年级学生

前往成长型思维模式学校文化道路上的另一站，是开发一个计划与家长分享智力可塑性的信息。即使一个学校或学区正在建设成长型思维模式的环境，让家长受到教育也很重要，这样孩子们在家里能够听到一致的信息。

家长经常挣扎于“天性-教养”的辩论中，然后将孩子的成败归因于基因。临床心理学家、作家奥利弗·詹姆斯表明：“基因很大程度或者全部决定了你和你的孩子是什么样的人——简单地坚持这样的想法是有害的。”他将此与精神疾病作类比，写道：“如果你得了精神疾病，认为这是你的基因造成的，这意味着你康复的可能性更小，因为你可能相信你对此无能为力。”父母、教师、教练、童子军领队以及其他成人角色榜样绝不该将看到的能力怪罪于基因。如果大人在小孩的人生中口头上或非口头上对孩子传达了低期待值，那么孩子获得的成就将大打折扣。

关于智力可塑性教育家长的第二个目的是为了家长本身。根据作家、人生导师约耳·F. 韦德的理论：

> 拥有成长型思维模式的家长也可能参与更有挑战性的任务，坚持下来并从困境中恢复。
>
> 拥有成长型思维模式的管理团队比那些持有特质导向思维方式的管理团队做得更好……同时有趣的是我们会注意到拥有成长型思维模式的人对自己的表现和能力有非常精确的评估。那些带有固定型思维模式的人对自己的表现和能力的评估非常不准确。

关于成长型思维模式和固定型思维模式的信息，鼓励自我恢复，基本的大脑运作知识以及表扬孩子的方式，这些是可以和家长分享的基本概念。如此一来，孩子能够从家长那里听到一致的信息，这将极大促进对“我能做”态度的发展和维持。可以通过将信息发布在校园网站、社交网站、新闻导语、校长咖啡时间以及/或家长信息夜来完成。

建构自我恢复能力

和父母交流的中心信息是关于鼓励孩子自我恢复的重要性。父母经常忽视帮助孩子学会适应以下情境：遇到困境或没能成功。跟一个孩子说："难怪那个考试没考好，你总是在玩电子游戏。"或者"你一开始就不该加入那个团队，你知道你做不长久的。"这些都无助于自我恢复的建构。孩子们最终会避开他们不大有把握成功的事情，而不是将这样的情境当成挑战。关于建构孩子的自我恢复有以下一些建议：

- **表扬时使用成长型思维模式。**总是表扬孩子乐意尝试、付出努力、耐心以及坚持练习。不要将成功归因于"聪明"或者"优秀"，而是归因于努力并坚持不懈。

- **灵活性模式。**古语云："我们一计划，上帝就笑了。"作为大人，我们知道这是真理。然而小孩或青少年不一定天生就具备灵活性或适应性，因而不一定总能从容应对计划的改变。当我们建构孩子的自我恢复的时候，能够调整目标并改变计划是重要的。我们能做到的最好的事是传达这样的信息：改变是人生的一部分。父母可以作为孩子的榜样，即当事情没有如他们所愿，采取灵活性思维。譬如，如果一位家长计划去参观博物馆，却发现博物馆周一闭馆，那么他或她可以立即灵活变更，选择另一个活动（或者给孩子提供一些别的活动让他们自己选）。在日常生活中采取这个态度对父母来说也很重要，尤其是不要让令人沮丧的情绪占上风。

- **在家里秉持“还有半杯水”的心态。**我记得有一次儿子遇到一系列挫折，他开始有了“苦难的我”这样的心态。后来我走到橱柜前，拿出一个杯子，装了一半的水，问他：“杯子是装满一半的水，还是有一半是空着？”考虑到他所处的处境，他回答说：“有一半是空着。”我问：“你能喝到水吗？这些水能够解你的渴吗？”他回答说，可以的，这两样都能做到。于是我趁机将此与他所经历的挫折作类比。即使处于困境，我们都得保持积极性。一个带着“希望”的小孩相信大多数情境都有积极的一面。父母自己遇到挫折的时候也必须做出积极的榜样，不管是口头上还是非口头上。就我儿子的情况，已经不必多言了——我需要做的是将杯子拿出橱柜，装一半水，把杯子放在桌上……如此他就能获得信息了。

- **帮助孩子们找到他们自己的天地。**一个成功的孩子也应该是一个自信的孩子。有时这意味着需要尝试很多不同的事物，孩子才能找到他/她可以大显身手的领域。这并非意味着让孩子报名参加每堂课、每项运动、每个俱乐部。这意味着给孩子提供机会，让他们经历各种事情：做饭、剪报、围棋、集邮、摄影……你懂的。

教育家长多了解大脑和成长型思维模式

和许多教育工作者一样，家长在学习新事物的时候，对于自己的大脑发生了什么，一般没有概念。就关于神经关联的知识教育家长，这样他们就知道练习和坚持的重要性。让父母参与学生学习的一些经历也是一种有效的、让他们参与其中的训练。甚至可以鼓励学生将他们在这些学习任务中创造出来的材料带回家，与父母分享，向父母解释大脑如何运作。

一些家长从互动的经历或相关话题的讨论中学得最好。德韦克的《思维方式》、平克的《驱动力》或詹金斯的《如何发现孩子》——所有这些书都是以方便读者阅读的文字风格写就的，都可以在读书俱乐部使用。

使用受人欢迎的短视频作为催化剂来促进与家长的交谈，也被证明是有效的。一个效果不错的电影片段是《幸福来敲门》的面试场景。在这一场景中，克里斯·加德纳说服面试小组雇佣他，尽管他穿了一件外套，没穿衬衫。让家长观察克里斯·加德纳的口头和非口头表达行为，以及参与面试的生意人。侧重讨论场景中的人物，他们表现出固定型或成长型思维模式的证据，尤其是关于毅力这一概念。

引导家长学会与教师交流成长型思维模式的信息

许多家长很自然地接受成长型思维模式，似乎这不过是他们的一部分。早在“固定型思维模式”和“成长型思维模式”这两个词条出现之前，比起结果，一些父母更重视他们孩子的努力以及毅力。一些家长面对的难题是学校的信息不一致。有些教师在成败方面的思维方式与家长不一致，其他教师、辅导员和学校行政人员可以就如何向教师交流成长型思维模式的信息给父母出主意。

或者甚至是，你作为家长正在读这本书，孩子所上的学校并没有成长型思维模式的环境。你正在寻找与你孩子所在学校谈论这个话题的方式。我建议你一开始跟班级教师谈，主要谈自己的孩子。对于你和孩子老师的谈话，有以下一些建议：

1. **一开始总是保持积极。**告诉教师你的孩子喜欢她的课。“贝拉喜欢你大声朗读的样子。非常生动和吸引人，真的激起了她阅读的兴趣。”

2. **分享家里效果最好的例子。**你想说的包括适应能力、动机、努力和其他方面的关系。表明这些品质如何改变孩子的表现。尽可能具体化。譬如，“当我夸奖贝拉坚持做家庭作业的时候，她的回应很好。”

3. **分享不太成功的情形。**在你心里坚持自己的理念。譬如，“我注意到当我评价她最终的结果，而不是过程或努力的时候，她不是很愿意接受建议。”

4. **建立合作关系。**让教师成为行动计划的一部分，其中涵盖你的信念以及他或她的实践（你们两者对孩子最大的益处）。譬如，“我想让咱们有一些共同的说法，这样她能听到一致的信息，就能将能力发挥到最好。”

尽管这些例子并没有特意使用“成长型或固定型思维模式”

这样的词条，它们仍然富有哲理地表达了成长型思维模式的元素。别人不能改变一个人的信念体系，我们只能提供让对方反思自己信念和期待的方式。即使一位教师没有成长型思维模式的信念体系，至少其所使用的褒奖语言也有助于形成成长型思维模式的文化。

家长可能想关注的另外一个领域是接触。如果一位家长感到由于教师的低期待值，他或她的孩子没能接触具挑战性的学习机会，家长应该与教师探讨。可能是学生真的处于那个水平，而且教师确实通过对学生的评估和考察提供了相应机会。但也可能是由于教师对学生智力的认知或教师没有提供一个让任何学生都得到学习机会的差异性课堂，因此学生没有接触到更高水平的学习经历。这对家长来说是一个更具挑战性的情境，因为在家长和教师见面会上沟通智力可塑性这一概念不太合适。不过，和教师的交谈可以包括以下几点：

- 当克里斯托弗感到有挑战的时候，他更加专心学习。
- 我注意到克里斯托弗在完成需要批判性思维的任务时往往做得更好——您注意到类似的情况了么？
- 克里斯托弗喜欢挑战。我注意到当他面对挑战时，动机更强烈。
- 克里斯托弗需要做什么来接触更高层次的思考任务呢？

家长必须根据教师和学校行政人员的开明程度来估量分享信息的层次。至少，家长可以拜访校长办公室亦或给教师或行政人员发邮件，传达这样的信息："我发现了这本/篇关于思维方式和教育的有趣图书/文章，您可能也会觉得有趣。"（如，我喜欢的一篇文章是《思维方式和公平教育》，发表于《重要领导力》这份期刊，这篇文章对德韦克的专著作了非常好的概括。）家长可以在邮件中提供这些资源或链接。

然而，事情并非总是如我们所愿。譬如，在一次家长和教师见面会中，我跟一位教科学的教师说，我的孩子觉得自己在科学这门课上可能不会成功，部分原因是由于先前在这门课上的消极经历。（教师曾跟孩子说她不是学科学的料。）当然我分享这个信息是希望教师有所回应，能够向我确保他会向我的孩子传达积极的信息，尽可能帮助她，表扬她所付出的努力。呃，结果并非如此——教师的回应是——等了等——"噢"。没错，只是一个"噢"。

然后我试着和他讨论成长型思维模式。结果成了我自说自话。那时我就决定要自己掌控局面，而且花功夫提醒女儿关于智力可塑性的道理。关于成长型思维模式，我跟女儿谈过许多次，但现在所有的谈论都针对科学这门课。由这一次见面会我意识到几点——学生在学校真的需要听到和感受到同样的信息，这个最重要。从家长这边单方面听到成长型思维模式是不够的。学生需要教师相信他们，就像需要家长相信一样。我吸取的另外一个教训是如果你对一个12岁的孩子翻来覆去地说同样一件事，她会感到厌烦，结果你得到的将是制止的手势和一句抱怨"打住，我已经从你这儿听了上千遍了，没有用。”事后看来，我本该和她的教师再见一面（带着关于思维方式的研究成果）并做最后一次尝试，与其分享关于智力可塑性的研究，希望教师能够调整他传递的信息，即当他回应学生在科学课的表现时，多夸奖学生付出的努力。

在教师并不理会整个成长型思维模式/智力可塑性理论的情况下，我们所能要求的是，至少说一些重视努力的话。一位校长曾经分享：他有一位教师不相信有关成长/固定型思维模式的研究。这位教师认为每一年她的班上只有几个能力强的学生。她评价说，多年来班上大多数学生的水平都处于一般或一般以下。校长让她继续和同事交流，给她一些关于神经可塑性和成长型思维模式的附加资料，提出和她继续讨论。但与此同时，校长让她做两件事。首先，让她在班级里只用成长型思维模式加以表扬，表扬学生所做的，而不是夸奖学生是什么样的——换言之，根据学生付出的努力进行表扬。其次，他让这位教师给所有学生机会参与更高水平的学习经历，尽管她认为学生都还没准备好。尽管这位教师并不欢迎成长型思维模式，她被要求完成的两件事可能会对她的学生产生积极的影响。这么做根本不是理想的方式，只是一个补救，直到这位教师接受这个理念。因为我也有成长型思维模式，我相信付出努力、毅力，以及恰当地与之合作，这位教师终将采用成长型思维模式的。

图24体现了三个群体——学生、教师、家长——在一起建构

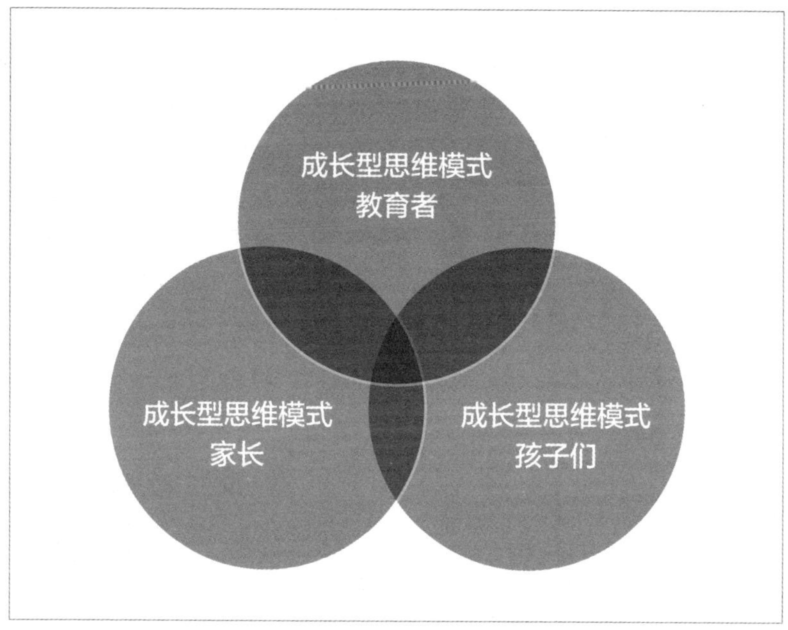

图24　群体合作建构成长型思维模式学校文化的维恩图

成长型思维模式文化中的重要作用。最重要的是培养和维持孩子们的成长型思维模式。

及时从家长那里得到客观反馈

在某个学区举办“有关成长型思维模式的家长信息夜”之后，为了获知家长听到信息后所做的思考和计划，收集了家长的评语。以下是他们分享的一些评语：

- “我在想我儿子没花多少功夫就成功了；现在是七年级了，材料变得越来越难，需要付出更多的努力。我得让成长型思维模式得以实践同时又保持他的信心。他喜欢不用付出努力，自然达到完美。”

- “在数学方面，我没有鼓励女儿形成成长型思维模式，她说她不喜欢数学，而且不擅长。我不赞同。当她在数学方面遇到困难时，我应该更加耐心。”
- “我真的需要评估一下自己表扬孩子的方式。我需要在讲话之前有更多自我克制。我为孩子们付出的努力感到非常骄傲，但我不确定他们是否明了。”

在成长型思维模式信息交流会之后收集到的来自家长的书面反馈可以给你数据，帮助你开展下一个阶段的讨论。在半张纸上写两句简单陈述（“作为这次讨论的结果，我正在思考……”和“作为这次讨论的结果，我正打算做……”），可以提供很多有用的信息。你也可以让家长完成一个任务，跟教师职业发展研讨会上所做的相似（见第二章）。让他们写下参加工作坊之前他们认为什么是智力，然后让他们比较参加工作坊之后得出的结论。这之后他们可以应用所学，改变方式与孩子们交谈。

告诉家长努力和毅力的重要性。学生也可以负责采访他们的父母对智力的想法。事实上，孩子们可能会是催化剂，促进家长真正理解智力的可塑性。

如何建设成长型思维模式的学校文化

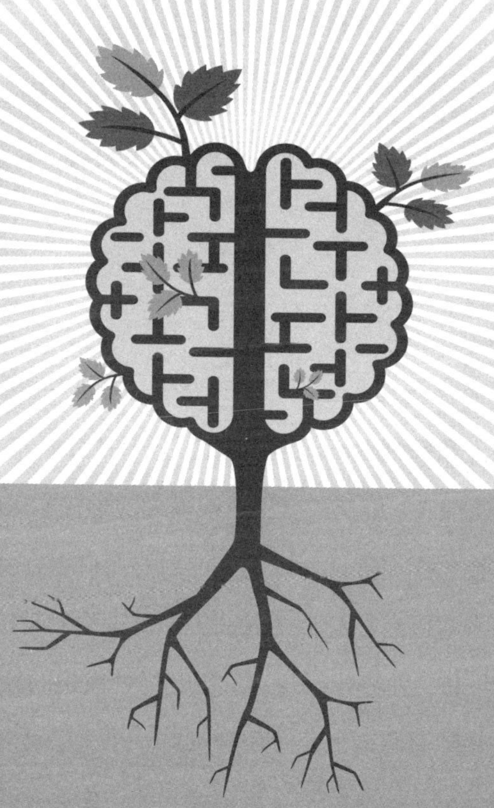

“所有的神经细胞都在我的脑袋里联结，我想我的脑袋快要爆炸了。”

——二年级学生

持续每天强调成长型思维模式的重要性再怎么强调也不为过。保持毅力和努力对一些学生来说是一种挑战，需要一直提醒他们能够获得成功。维持成长型思维模式的学校文化的具体计划，必须纳入学校年度提升计划以确保计划的执行得到督导。每次员工会议，至少应该有15分钟的时间集中讨论你们学校成长型思维模式文化的维护。辨别出强项领域以及需要改进的领域。

拥有成长型思维模式的学校常常有一个方面被忽略，那就是课堂的学习环境。一个成长型思维模式的课堂必须是一个安全的地方，在那里学生不会觉得自己被评判，而是可以自由地冒求知风险。师生之间建立值得信赖的、积极的关系是安全的学习环境的中心。大卫·索萨和卡罗尔·安·汤姆林森对课堂移情重要性的讨论如下：

> 懂得移情的教师问自己，他们是否想让某人说或做他们刚才对学生、同事或家长所说所做之事。譬如，教师有时试着让表现较差的学生产生动力，于是就催促他们“再加把劲儿”。尽管这样的话语可能本意是好的，但教师的假设是这些学生不乐意花必要的功夫和精力来获得成功。结果，学生常常将这样的评价当成指责和评判。当学生感到自己被指责的时候，他们不太可能配合。

学习环境也必须是一个没有恐惧的地带。恐惧是如此强烈的一种情感，它可以关闭认知过程并强迫大脑关注恐惧的来源以及如何面对。对于失败的恐惧或经历失败的恐惧是学习的两大障碍。如前所述，一些学生出于对失败的恐惧，将逃避可能过于有挑战性的经历。带有成长型思维模式的教师应该和学生讨论这些恐惧，并向他们确保如果他们犯错或失败不会被评判。教师也可以分享自己因为恐惧而不敢冒险的故事。我们的环境有助于塑造我们，课堂学习的环境同样如此。“就像成人会受环境影响，学生也会因为课堂环境感到备受鼓舞或消极气馁、充满能量或垂头丧气、感到受欢迎或产生被隔离感。”同样重要的是要注意在一个学习环境中任务太难或太简单，学生都可能难于感受到支持；因此，构建一个差异性的、回应式的课堂有助于形成一个安全的学习环境。

在教学语境中，成长型思维模式的信息也可以被强化。譬如，在马里兰州罗克维尔小镇的玛丽威尔小学，学校职员都致力于构建成长型思维模式的校园文化。2012年，校长凯伦·格雷格瑞在教职工入职前一周给每个职员发了一件成长型思维模式的T恤（见图25）。历时两年多，职员坚持参加关于如何构建和维持成长型思维模式学校文化的职业发展项目。

图25 凯伦·格雷格瑞（中间）和她玛丽威尔小学的一些教职工，大家都穿着成长型思维模式的T恤

在前往玛丽威尔小学的一次拜访中，教师们被要求仔细看他们的课程安排，找出可以增添成长型思维模式信息的地方。这一练习使得职员对信息拥有自主权——他们以新的方式看待课程安排，利用机会培育与坚持、努力、求知冒险以及毅力相关的优良品质。图26展示的例子是：职员如何看待他们当前的课程并思考引入成长型思维模式的方法。

每个学校应该集体研讨“找一找”的活动，这些活动将展示成长型思维模式的校园和班级文化，包括差异性、回应式课堂的证据。这些应该是在整个班级的身心状态下存在的实践，而且这些实践也可以通过师生互动来观察。在一个差异性、回应式的成长型思维模式课堂中“找一找”活动可能看起来如同图27的清单。

向成长型思维模式的学校文化发展，是所有股东都应该做的一个承诺。了解新加入你们教职工队伍的教育工作者，让他们赞成你们的成长型思维模式目标计划。持续督导并反思产生影响的实践以及那些需要改进的实践。到你们学校参观的人能够感受到你们的学生付出的努力及坚持吗？有没有更多的学生欢迎具挑战性的任务？教师的语言有没有认可学生的付出而不是他们本身是怎样的？学生有没有使用成长型思维模式的语言谈论神经细胞关联？对所有学生的期待值高吗？

内容领域	单元、书、资料、话题	成长或者固定型思维模式的例子	评价、附加信息
阅读	卡拉·史蒂文斯的《莉莉和自由小姐》	莉莉展示了坚持和努力。	历史小说，三年级
社会研究	瓦帕浓文化	分析瓦帕浓文化，找出成长型思维模式或固定型思维模式的证据。	二年级
英语	米歇尔·马哥任的《晚安汤姆先生》	通过成长型思维模式的视角分析人物。	初中，历史小说，二战
阅读	凯思琳·克鲁尔的《威尔玛无极限：威尔玛·鲁道夫如何成为世界最快的女士》	在威尔玛的人生中找出证明毅力、动力和努力的证据。	幼儿园大班，传记
历史	苏珊·B. 安东尼是女权主义活跃分子，她的一生都致力于推动颁布宪法修正案给予妇女选举权。	苏珊·B. 安东尼克服了重重障碍而且面对挫败时坚忍不屈。	高中，美国历史

图26 某学校将成长型思维模式纳入教学内容领域

在一个差异性、回应式课堂上进行的“找一找”活动

进行中的评估

- 一直使用预习并分析预评估。
- 当学生证实自己精通之后提供另外的挑战机会和学习经历。
- 教师有规律地使用形成性评估来发现已经准备好迎接更多挑战的学生。

灵活的、流动的分组活动

- 灵活分组是项目必要的一部分。
- 开展定位活动以及/或者建立有意义的学习中心以促进小组的管理。

课程紧凑

- 教师能够让一些学生减免以及/或者用更少的时间来学习材料。

期待值

- 教师对所有学生的期待值要高。
- 学生和教师相信有能力发展智力。
- 对智力潜能的辨认不完全取决于阅读、写作、数学的表现。潜能也可以通过讨论、问问题以及回应加以辨认。
- 教师提供许多机会让学生自己思考。

问问题

- 学生有许多机会可以回应并提问更高层次的问题。

更高层次的思考

- 将培养或提升较高层次思考的教学策略编入日常教学（概念获取或形成、解读、推理、解决问题、评估）。

加快学习速度和丰富教学

- 学生个体或群体有机会在各个内容领域超出所在年级水平。
- 丰富教学的机会产生于内容、应邀发言者、导师和科技的应用及推理过程中。
- 教师补充或者修改课程有助于高水平的学习。
- 教学包括高级内容和差异性策略，以反思高能力学习者的智力发展过程。
- 高于本年级的材料可以在不同内容领域提供给学生。
- 学生有机会得以深度学习和研究。

课堂环境

- 有智力上的冒险。
- 存在一个成长型思维模式的班级文化。
- 学习站和定位活动在课堂内进行。
- 房间的安排有利于小组活动。
- 提供不同学生的学习范例。
- 提供给学生多层次的资源。

图27 教学案例

结语：
给每个学生提供机会，
插上成功的翅膀

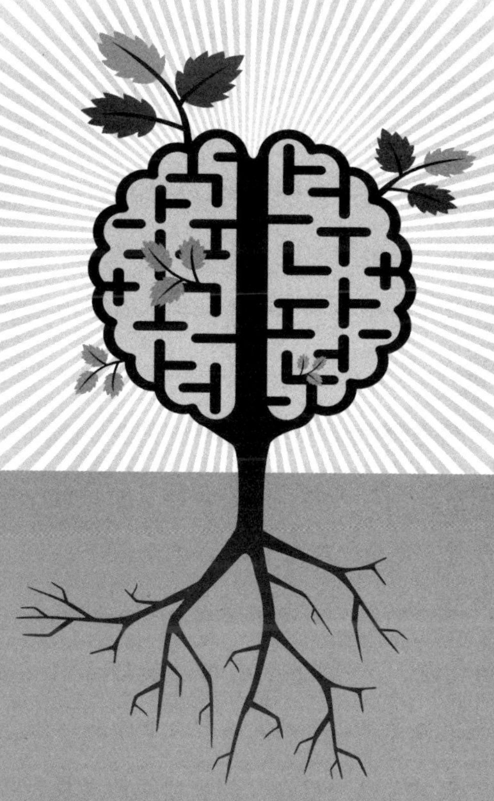

"如果你不锻炼，你的神经细胞关联会断裂！"

——二年级学生

构建和维持一个对所有学生都抱有高期待值、以回应式的教学为准则、所有学生都重视努力和毅力的学习环境，是值得承诺和下功夫的。学校教学中牵一发可能动全身，但为了产生最重要的影响，以下几点应该如交响乐般协奏齐鸣：

- 教育工作者相信所有的学生都能获得成功。
- 学生对神经细胞关联有了概念性了解，相信通过努力和毅力他们能够学习、成功、增长自己的智力。
- 用差异性、回应式的教学来迎合学生的需求，了解他们所需要的、何时需要、如何需要，并给予满足。
- 批判性思维工具将会纳入课程、教学和评估。
- 拓宽"天赋"这一概念，侧重才能的发展和居于主导地位

的特定优势，十分注重“潜能”而不是“天赋”。

教育工作者教的是学生而不是课程。是时候了解学生从哪里来，期待所有学生最棒的表现，给每个学生提供机会，让他们都能够成功。成长型思维模式的学校文化肯定会对所有学生都敞开大门。

就个人而言，若干年前我对可塑性智力、成长型和固定型思维模式作了深入全面的研究，为教师、父母和行政人员开办了许多职业发展研讨会。在其中一次研讨会之后，有一位参会者建议我写一本关于成长型思维模式所具有的教育意义的书。她分享说，她认为我有很多东西可以提供给教育工作者，而且可能对孩子们产生积极影响。我感谢她为我起了一个好头儿，而我不想承认的是，固定型思维模式的念头立刻在我脑中蹦出来：“我写不了这本书。”一个月后，我听了卡罗尔·德韦克在美国天才儿童协会会议上的发言，乘飞机返家的路上，我开始了这本书的撰写。这个过程并不容易，没错，有时候我想放弃（特别是当我这本书的编辑寄回我的第一份修改稿——谢谢你，莱西），但我还是坚持住了。在我写这最后几行的时候，我注意到衣服需要洗、我得准备明天的发言、得带狗出去遛弯，还有我女儿做作业需要我帮忙……尽力同时应付家庭、新工作和写作成了我人生中最大的挑战，但最终我还是做到了，尽管付出了很多辛劳和努力。所以，你以及你的学生也能够做到你投入心力希望做到的任何事情！

附录 A

构建成长型思维模式教师培训案例

培训要求

职业发展研讨会结束时，参加者应该能够掌握：

1. 定义固定型和成长型思维模式的理论。

2. 就卡罗尔·德韦克博士有关思维方式理论著作的研究开展讨论。德韦克博士确信智力具有可塑性，潜能是可以发展的。

3. 反思他们自己关于学生学习、智力和努力的“思维方式”。

4. 探讨表扬学生和给学生反馈的方式如何影响他们的思维方式。

5. 探讨教学生大脑知识以及如何学习的方式。

6. 计划接下来构建成长型思维模式班级文化的步骤。

职业发展研讨会前的策划

在每张桌子上放一个文件夹，里面装幻灯片或翻转图的复印件、“我对智力的想法”文档、给每位参加者的信封以及本书。此外，设立四个活动站，放上定位活动文件夹，里面装上关于成长型和固定型思维模式的其他文章。

时间	内容	资源
5	**欢迎辞/培训要求** 回顾培训要求和议程 随着时间推进，让参加者提出任何关于猜想盒的问题。会议推动者会付出努力来讨论盒里的物件。	·写有培训要求的翻转图或幻灯片 ·制作猜想盒用的图表纸以及便利贴
5	**告知参加者在几分钟内他们将读一篇讨论公平教育的某个方面的文章。** 作者卡罗尔·德韦克博士描述了人们对智力持有的两种想法。 纸上写着“我对智力的想法……”教师将写下对以下问题答案的总结评述。 ·关于智力，你教了学生什么？ ·根据你自己的观察，你怎么看待学生的智力？ 参加者完成任务之后，应该将纸放入信封，封上口，在信封上方写上名字及日期。会议推动者应该收集这些信封，保存至最后一次职业发展讨论，这样参加者就可以注意他们的信念是否有所改变。	
10	**让他们阅读本书，** 让参加者用荧光笔标出并突出有趣或新的信息。 告诉他们：“写下你们对刚才阅读内容所产生的最初想法/感觉。如果你已读完本书或已经读过相关文章，请选择另一篇文章阅读，可以在定位活动的文件夹里找到。	·本书或部分章节复印件 ·荧光笔 ·定位活动文件夹，里面装有相关文章或以下作品： 《即使天才也努力工作》（卡罗尔·德韦克） 《思维方式和天赋教育：进展中的转变》（马修斯和福斯特）

<table>
<tr><th>时间</th><th>内容</th><th>资源</th></tr>
<tr><td>20</td><td>讨论文章。
你可以使用以下问题引导讨论（让参加者思考校园外的生活）:
· 在什么领域他们认为你抱有固定型思维模式?
· 成长型思维模式呢?
协助者应该分享某个个人经历来展示固定型思维模式；譬如：
· 一触及科技我就有一个典型的固定型思维模式……事实上，几年前我家人送我一个礼物——电子图形输入板，但我不确定是否想留下它。我觉得我不可能学会如何操作它，因为我在科技方面没有才能。自从加入这项研究，我意识到通过努力，我能够学会做任何事情——我只需要乐意付出努力。
在你的桌子上，选择以下一个问题讨论：
· 我们作为社会成员相信成长型思维模式吗?为什么?
· 这就是我们所学的吗? 或者我们是如何学的?
· 对于我们当中的一些人，相信这个概念是有挑战的。为什么?</td><td>· 在课件上写问题或者分发印有问题的材料</td></tr>
<tr><td>5</td><td>为何现在?
和参加者讨论以下想法：
· 我们一直学习关于大脑的新知识以及人们如何学习，并对各种情境和关系作出反应。
· 五十年前，如果你牙疼，牙医会如何治疗?
· 这项新的学习怎样对我们的学生产生积极的影响?</td><td></td></tr>
</table>

时间	内容	资源
30	**我们如何表扬学生？** 让参加者思考家长和教师的某些表扬方式如何影响思维方式的形成。围成一桌讨论关于表扬可能显露固定型思维模式的一些具体例子。告诉参加者： · 每一个词和行动传达一个信息。信息告诉孩子们如何思考自己。可能是一个固定型思维模式的信息："你有固定的特征，我正在评定这些特征。"譬如："你真聪明。" 让参加者讲讲其他显示固定型思维模式的例子。将回答记录在图表纸上，纸上有两栏：固定的信息和成长的信息。告诉参加者： · 可能是一个成长型思维模式的信息："你是一个不断成长的人，我对你的成长感兴趣。""你对此付出很多努力，功夫不负有心人！" 让参加者讲讲其他使用成长型思维模式表扬的具体例子。将回答记录在纸上。	分成两栏的图表纸：固定型的表扬和成长型的表扬
45–60	**学习和大脑的关系** **和参加者讨论大脑：** 过去几十年的研究已经拓展了我们对大脑能够发展新能力的理解。大脑通过恰当深度和挑战的训练有很大能力发展。 这是大脑如何运作的精简版： · 大脑由神经元细胞网络构成。 · 当我们学习新东西，神经元细胞彼此产生关联。 · 当我们实践，付出努力并坚持，这些神经细胞的关联变得越来越强大，大脑也变得更加稠密。 · 稠密的程度取决于大脑受到多少激发以及如何积极地使用。	· 课件 · 线 · 绳 · 粗绳 · 用纸板剪下五个神经元细胞图形（或毛茸茸的神经元细胞模型），穿上一根线，让参加者挂在脖子上。

时间	内容	资源
45–60	**学习和大脑的关系（接上表）** · 当我们学习新事物的时候，我们变得更加聪明！ **使用线（薄弱的理解）、绳子（快要掌握）、粗绳（掌握）展示神经元细胞的关联。** 让三到五个志愿者扮演神经元细胞。这些自愿者可以在脖子上挂着一张画有神经元细胞的纸板。 问这群“神经元细胞”，是否有人最近学了新事物（如：编织、打高尔夫球或者州际标准核心考试）。 为了能够更好地描述，我们将选择萨拉的回答。萨拉分享说她刚刚了解了州际标准核心考试。宣布这群“神经元细胞”代表萨拉大脑的一部分。 拿出一根细线，让两个“神经元细胞”用这根线产生联系。这个薄弱的关联将代表萨拉刚开始了解州际标准核心考试，所以关联是薄弱的。 问萨拉她是否已经学到某些东西，而且她越学越好，但仍旧需要一些知识训练。在这种情况下，萨拉可能回答说“形成性评估”。在这个时刻，两个“神经元细胞”可以用一个更密切的联系，一根绳子。这代表对形成性评估有了更好的理解，但还没有达到掌握的水平。 然后提议以下情景：让我们看看萨拉的州际核心标准考试的关联。这有一根细线可以代表。萨拉对州际核心标准考试了解更多并做了训练之后，这个关联将发生什么？我们就说萨拉阅读、看录像、问问题、坚持以及付出很多努力将标准纳入她的课堂，这样她就能教其他人。这个关联会如何变化？这时展示这根关联的细线被一根强韧的粗绳所取代。	

<table>
<tr><th>时间</th><th>内容</th><th>资源</th></tr>
<tr><td>45-60</td><td>学习和大脑的关系（接上表）

如果萨拉觉得自己不再对州际核心标准考试感兴趣，那么这个关联将会发生什么？（将会保持微弱的关联或者完全失去联系。）

让参加者回想自己学习新事物感到沮丧的某个时刻。让大家在脑海里构图：每次迎接挑战并掌握新的事物，神经元细胞的关联就更强大。想一想当你面对挑战时这些神经元细胞是如何产生关联的。一旦你构建强大的关联，你会给大脑增添稠密度，事实上让自己变得更加聪明！

现在讨论学生的思维方式：

· 成长型思维模式不仅一步步契合我们关于学习和大脑的讨论，而且和学生的教学中，成长型思维模式更有建设性，制造更好的效果和成就。

· 持有成长型思维模式的学生：

更有动力学习

想更加努力学习

不会因为挑战而气馁

学习时使用更有效的策略

达成更高水平的目标</td><td></td></tr>
<tr><td>15</td><td>与你的同桌参会者讨论你可能在课堂采取的行动以着手发展成长型思维模式的文化。

这些行动应该包含如下方式：

· 重视努力和毅力

· 教学生关于大脑可塑性的知识，以及

· 和学生分享成长型思维模式</td><td></td></tr>
</table>

时间	内容	资源
10	**小结和评估** 让参加者完成印有以下问题的答题纸： · 作为今天职业发展讨论的结果，我： 正在思考…… 正在计划……	评估答题纸 · 作为今天职业发展讨论的结果，我： 正在思考…… 正在计划……

附录 B

如何表扬孩子——给家长的建议

第一份建议

家长能够真正帮助孩子的一种方式是表扬孩子的时候慎重措辞。家长说的每句话、做的每个行动对他们的孩子都传达了信息。这些话语和行动将告诉孩子们如何思考自己。家长应该总是表扬孩子付出的努力，而不是表扬孩子的成就。以下表格包括一些例子：

不说	说
你真的像运动员一样!	你真的很努力训练，要关注这个领域!
你真的好聪明!	你在学校努力学习，表现不错!
你的画好棒；你是我的小艺术家。	我看到你在练画画；进步好大!
你是一个很棒的运动员。你会是下一个贝利!	继续训练，你会看到可喜成果的!
你总是取得好成绩；这让我开心。	你付出的努力都体现在成绩当中了。你应该为自己感到骄傲。我们也为你感到骄傲。

因此，下次当你准备表扬自己的孩子，先想一想如何利用这个机会表扬他或她所付出的努力而不是得到的成就。

第二份建议

给予家长一些建议：如何表扬他们的孩子。研究表明家长表扬孩子“聪明”或“有才华”的时候要三思，因为这样的表扬可能形成固定型思维模式。如果我们鼓励孩子付出努力，并认可他们的毅力和勤奋，那么我们将支持他们发展成长型思维模式。持有成长型思维模式的孩子相信成长型思维模式将让他们更好地坚持，而且当事情没能如愿，他们能够重振旗鼓。家长也应该检查自己的信念体系：你有没有成长型思维模式？你是否相信通过努力、毅力和动力，你的孩子能够达成他们的目标？

教育研究专家卡罗尔·德韦克博士表明：

> 家长不该溺爱孩子，不让他们面对挑战、错误和努力奋斗。相反，家长应该教孩子热爱挑战。他们应该说这样的话：“这很难。多么有趣！”或者“这个太容易了。没有意思。”他们应该教孩子拥抱错误。“哦，这是个有意思的错误。我们下次应该怎么做呢？”而且他们应该教孩子重视勤奋和努力：“如此奋斗很棒！你真的坚持做了而且有很大的进步。”或者“这需要付出很多努力哦——孩子，会很有趣的。”

家长需要学会持有成长型思维模式。这需要时间和实践，但当你看到它在孩子身上产生的重要影响，会知道这些努力是值得的。

“常青藤”书系—中青文教师用书总目录

	书名	书号	定价
	特别推荐——从优秀到卓越系列		
★	从优秀教师到卓越教师：极具影响力的日常教学策略	9787515312378	33.80
★	从优秀教学到卓越教学：让学生专注学习的最实用教学指南	9787515324227	39.90
★	从优秀学校到卓越学校：他们的校长在哪些方面做得更好	9787515325637	59.90
★	卓越课堂管理（中国教育新闻网2015年度“影响教师的100本书”）	9787515331362	88.00
	名师新经典/教育名著		
	最难的问题不在考试中：先别教答案，带学生自己找到想问的事	9787515365930	48.00
	在芬兰中小学课堂观摩研修的365日	9787515363608	49.00
★	马文·柯林斯的教育之道：通往卓越教育的路径（《中国教育报》2019年度“教师喜爱的100本书”，中国教育新闻网“影响教师的100本书”。朱永新作序，李希贵力荐）	9787515355122	49.80
★	如何当好一名学校中层：快速提升中层能力、成就优秀学校的31个高效策略	9787515346519	49.00
★	像冠军一样教学：引领学生走向卓越的62个教学诀窍	9787515343488	49.00
	像冠军一样教学 2：引领教师掌握62个教学诀窍的实操手册与教学资源	9787515352022	68.00
★	如何成为高效能教师	9787515301747	89.00
★	给教师的101条建议（第三版）(《中国教育报》“最佳图书”奖）	9787515342665	49.00
★	改善学生课堂表现的50个方法（入选《中国教育报》“影响教师的100本书”）	9787500693536	33.00
	改善学生课堂表现的50个方法操作指南：小技巧获得大改变	9787515334783	39.00
	美国中小学世界历史读本 / 世界地理读本 / 艺术史读本	9787515317397等	106.00
	美国语文读本1-6	9787515314624等	252.70
	和优秀教师一起读苏霍姆林斯基	9787500698401	27.00
	快速破解60个日常教学难题	9787515339320	39.90
★	美国最好的中学是怎样的——让孩子成为学习高手的乐园	9787515344713	28.00
	建立以学习共同体为导向的师生关系：让教育的复杂问题变得简单	9787515353449	33.80
	教师成长/专业素养		
	如何更积极地教学	9787515369594	49.00
	教师的专业成长与评价性思考：专业主义如何影响和改变教育	9787515369143	49.90
	精益教育与可见的学习：如何用更精简的教学实现更好的学习成果	9787515368672	59.00
	教学这件事：感动几代人的教师专业成长指南	9787515367910	49.00
	如何更快地变得更好：新教师90天培训计划	9787515365824	59.90
	让每个孩子都发光：赋能学生成长、促进教师发展的KIPP学校教育模式	9787515366852	59.00
	60秒教师专业发展指南：给教师的239个持续成长建议	9787515366739	59.90
	通过积极的师生关系提升学生成绩：给教师的行动清单	9787515356877	49.00
	卓越教师工具包：帮你顺利度过从教的前5年	9787515361345	49.00
★	可见的学习与深度学习：最大化学生的技能、意志力和兴奋感	9787515361116	45.00
	学生教给我的17件重要的事：带给你爱、勇气、坚持与创意的人生课堂	9787515361208	39.80
★	教师如何持续学习与精进	9787515361109	39.00
	从实习教师到优秀教师	9787515358673	39.90
	像领袖一样教学：改变学生命运，使学生变得更好（中国教育新闻网2015年度“影响教师的100本书”）	9787515355375	49.00
★	你的第一年：新教师如何生存和发展	9787515351599	33.80
	教师精力管理：让教师高效教学，学生自主学习	9787515349169	39.90
	如何使学生成为优秀的思考者和学习者：哈佛大学教育学院课堂思考解决方案	9787515348155	49.90
	反思性教学：一个已被证明能让教师做到更好的培训项目（30周年纪念版）	9787515347837	59.90
★	凭什么让学生服你：极具影响力的日常教育策略（中国教育新闻网2017年度“影响教师的100本书”）	9787515347554	39.90
	运用积极心理学提高学生成绩（中国教育新闻网2017年度“影响教师的100本书”）	9787515345680	59.90
	可见的学习与思维教学：成长型思维教学的54个教学资源：教学资源版	9787515354743	36.00

书名	书号	定价
★ 可见的学习与思维教学：让教学对学生可见，让学习对教师可见（中国教育报2017年度“教师最喜爱的100本书”）	9787515345000	39.90
教学是一段旅程：成长为卓越教师你一定要知道的事	9787515344478	39.00
安奈特·布鲁肖写给教师的101首诗	9787515340982	35.00
万人迷老师养成宝典学习指南	9787515340784	28.00
中小学教师职业道德培训手册：师德的定义、养成与评估	9787515340777	32.00
成为顶尖教师的10项修炼（中国教育新闻网2015年度“影响教师的100本书”）	9787515334066	49.90
★ T. E. T. 教师效能训练：一个已被证明能让所有年龄学生做到最好的培训项目（30周年纪念版）（中国教育新闻网2015年度“影响教师的100本书”）	9787515332284	49.00
教学需要打破常规：全世界最受欢迎的创意教学法（中国教育新闻网2015年度“影响教师的100本书”）	9787515331591	45.00
给幼儿教师的100个创意：幼儿园班级设计与管理	9787515330310	39.90
给小学教师的100个创意：发展思维能力	9787515327402	29.00
给中学教师的100个创意： 如何激发学生的天赋和特长 / 杰出的教学 / 快速改善学生课堂表现	9787515330723等	87.90
以学生为中心的翻转教学11法	9787515328386	29.00
如何使教师保持职业激情	9787515305868	29.00
★ 如何培训高效能教师：来自全美权威教师培训项目的建议	9787515324685	39.90
良好教学效果的12试金石：每天都需要专注的事情清单	9787515326283	29.90
★ 让每个学生主动参与学习的37个技巧	9787515320526	45.00
给教师的40堂培训课：教师学习与发展的最佳实操手册	9787515352787	39.90
提高学生学习效率的9种教学方法	9787515310954	27.80
★ 优秀教师的课堂艺术：唤醒快乐积极的教学技能手册	9787515342719	26.00
★ 万人迷老师养成宝典（第2版）（入选《中国教育报》“2010年影响教师的100本书”）	9787515342702	39.00
高效能教师的9个习惯	9787500699316	26.00
课堂教学/课堂管理		
好的教学是设计出来的：一套详细、先进、实用的卓越课堂设计和实施方案	9787515370705	49.00
翻转课堂与差异化教学：以学生为中心的课内翻转教学法	9787515370590	49.00
精益备课法：在课堂上少做多得的实用方法	9787515370088	49.00
记忆教学法：利用记忆在课堂上建立深入和持久的学习	9787515370095	49.00
动机教学法：利用学习动机科学来提高课堂上的注意力和努力	9787515370101	49.00
★ 课堂上的提问逻辑：更深度、更系统地促进学生的学习与思考	9787515369983	49.90
可见的教学影响力：系统地执行可见的学习5D深度教学	9787515369624	59.00
极简课堂管理法：给教师的18个精进课堂管理的建议	9787515369600	49.00
★ 像行为管理大师一样管理你的课堂：给教师的课堂行为管理解决方案	9787515368108	59.00
差异化教学与个性化教学：未来多元课堂的智慧教学解决方案	9787515367095	49.90
如何设计线上教学细节：快速提升线上课程在线率和课堂学习参与度	9787515365886	49.00
设计型学习法：教学与学习的重新构想	9787515366982	59.00
让学习真正在课堂上发生：基于学习状态、高度参与、课堂生态的深度教学	9787515366975	49.00
让教师变得更好的75个方法：用更少的压力获得更快的成功	9787515365831	49.00
技术如何改变教学：使用课堂技术创造令人兴奋的学习体验，并让学生对学习记忆深刻	9787515366661	49.00
课堂上的问题形成技术：老师怎样做，学生才会提出好的问题	9787515366401	45.00
翻转课堂与项目式学习	9787515365817	45.00
★ 优秀教师一定要知道的19件事：回答教师核心素养问题，解读为什么要向优秀者看齐	9787515366630	39.00
从作业设计开始的30个创意教学法：运用互动反馈循环实现深度学习	9787515366364	59.00
基于课堂中精准理解的教学设计	9787515365909	49.00
如何创建培养自主学习者的课堂管理系统	9787515365879	49.00
如何设计深度学习的课堂：引导学生学习的176个教学工具	9787515366715	49.90
如何提高课堂创意与参与度：每个教师都可以使用的178个教学工具	9787515365763	49.90

	书名	书号	定价
	如何激活学生思维：激励学生学习与思考的187个教学工具	9787515365770	49.90
	男孩不难教：男孩学业、态度、行为问题的新解决方案	9787515364827	49.00
★	高度参与的线上线下融合式教学设计：极具影响力的备课、上课、练习、评价项目教学法	9787515364438	49.00
★	跨学科项目式教学：通过"+1"教学法进行计划、管理和评估	9787515361086	49.00
	课堂上最重要的56件事	9787515360775	35.00
★	全脑教学与游戏教学法	9787515360690	39.00
★	深度教学：运用苏格拉底式提问法有效开展备课设计和课堂教学	9787515360591	49.90
★	一看就会的课堂设计：三个步骤快速构建完整的课堂管理体系	9787515360584	39.90
	如何有效激发学生学习兴趣	9787515360577	38.00
	如何解决课堂上最关键的9个问题	9787515360195	49.00
	多元智能教学法：挖掘每一个学生的最大潜能	9787515359885	39.90
★	探究式教学：让学生学会思考的四个步骤	9787515359496	39.00
	课堂提问的技术与艺术	9787515358925	49.00
	如何在课堂上实现卓越的教与学	9787515358321	49.00
	基于学习风格的差异化教学	9787515358437	39.90
★	如何在课堂上提问：好问题胜过好答案	9787515358253	39.00
★	高度参与的课堂：提高学生专注力的沉浸式教学	9787515357522	39.90
	让学习变得有趣	9787515357782	39.00
★	如何利用学校网络进行项目式学习和个性化学习	9787515357591	39.90
	基于问题导向的互动式、启发式与探究式课堂教学法	9787515356792	49.00
	如何在课堂中使用讨论：引导学生讨论式学习的60种课堂活动	9787515357027	38.00
	如何在课堂中使用差异化教学	9787515357010	39.90
★	如何在课堂中培养成长型思维	9787515356754	39.90
	每一位教师都是领导者：重新定义教学领导力	9787515356518	39.90
★	教室里的1-2-3魔法教学：美国广泛使用的从学前到八年级的有效课堂纪律管理	9787515355986	39.90
	如何在课堂中使用布卢姆教育目标分类法	9787515355658	39.00
	如何在课堂上使用学习评估	9787515355597	39.00
	7天建立行之有效的课堂管理系统：以学生为中心的分层式正面管教	9787515355269	29.90
	积极课堂：如何更好地解决课堂纪律与学生的冲突	9787515354590	38.00
	设计智慧课堂：培养学生一生受用的学习习惯与思维方式	9787515352770	39.00
	追求学习结果的88个经典教学设计：轻松打造学生积极参与的互动课堂	9787515353524	39.00
	从备课开始的100个课堂活动设计：创造积极课堂环境和学习乐趣的教师工具包	9787515353432	33.80
	老师怎么教，学生才能记得住	9787515353067	48.00
	多维互动式课堂管理：50个行之有效的方法助你事半功倍	9787515353395	39.80
	智能课堂设计清单：帮助教师建立一套规范程序和做事方法	9787515352985	49.90
	提升学生小组合作学习的56个策略：让学生变得专注、自信、会学习	9787515352954	29.90
	快速处理学生行为问题的52个方法：让学生变得自律、专注、爱学习	9787515352428	39.00
	王牌教学法：罗恩·克拉克学校的创意课堂	9787515352145	39.80
	让学生快速融入课堂的88个趣味游戏：让上课变得新颖、紧凑、有成效	9787515351889	39.00
★	如何调动与激励学生：唤醒每个内在学习者（李希贵校长推荐全校教师研读）	9787515350448	39.80
	合作学习技能35课：培养学生的协作能力和未来竞争力	9787515340524	59.00
	基于课程标准的STEM教学设计：有趣有料有效的STEM跨学科培养教学方案	9787515349879	68.00
	如何设计教学细节：好课堂是设计出来的	9787515349152	39.00
	15秒课堂管理法：让上课变得有料、有趣、有秩序	9787515348490	49.00
	混合式教学：技术工具辅助教学实操手册	9787515347073	39.80
	从备课开始的50个创意教学法	9787515346618	39.00
	中学生实现成绩突破的40个引导方法	9787515345192	33.00
	给小学教师的100个简单的科学实验创意	9787515342481	39.00

书名	书号	定价
老师如何提问，学生才会思考	9787515341217	49.00
教师如何提高学生小组合作学习效率	9787515340340	39.00
卓越教师的200条教学策略	9787515340401	49.90
中小学生执行力训练手册：教出高效、专注、有自信的学生	9787515335384	49.90
从课堂开始的创客教育：培养每一位学生的创造能力	9787515342047	33.00
提高学生学习专注力的8个方法：打造深度学习课堂	9787515333557	35.00
改善学生学习态度的58个建议	9787515324067	36.00
★全脑教学（中国教育新闻网2015年度“影响教师的100本书”）	9787515323169	38.00
★全脑教学与成长型思维教学：提高学生学习力的92个课堂游戏	9787515349466	39.00
★哈佛大学教育学院思维训练课：让学生学会思考的20个方法	9787515325101	59.90
完美结束一堂课的35个好创意	9787515325163	28.00
如何更好地教学：优秀教师一定要知道的事	9787515324609	49.90
带着目的教与学	9787515323978	39.90
★美国中小学生社会技能课程与活动（学前阶段/1-3年级/4-6年级/7-12年级）	9787515322537等	215.70
彻底走出教学误区：开启轻松智能课堂管理的45个方法	9787515322285	28.00
破解问题学生的行为密码：如何教好焦虑、逆反、孤僻、暴躁、早熟的学生	9787515322292	36.00
13个教学难题解决手册	9787515320502	28.00
★让学生爱上学习的165个课堂游戏	9787515319032	59.00
美国学生游戏与素质训练手册：培养孩子合作、自尊、沟通、情商的103种教育游戏	9787515325156	49.00
老师怎么说，学生才会听	9787515312057	39.00
快乐教学：如何让学生积极与你互动（入选《中国教育报》“影响教师的100本书”）	9787500696087	29.00
★老师怎么教，学生才会提问	9787515317410	29.00
★快速改善课堂纪律的75个方法	9787515313665	39.90
★教学可以很简单：高效能教师轻松教学7法	9787515314457	39.00
★好老师可以避免的20个课堂错误（入选《中国教育报》“影响教师的100本图书”）	9787500688785	39.90
★好老师应对课堂挑战的25个方法（《给教师的101条建议》作者新书）	9787500699378	25.00
★好老师激励后进生的21个课堂技巧	9787515311838	39.80
★开始和结束一堂课的50个好创意	9787515312071	29.80
好老师因材施教的12个方法（美国著名教师伊莉莎白“好老师”三部曲）	9787500694847	22.00
★如何打造高效能课堂	9787500680666	29.00
合理有据的教师评价：课堂评估衡量学生进步	9787515330815	29.00
班主任工作/德育		
30年班主任，我没干够（《凭什么让学生服你》姊妹篇）	9787515370569	59.00
★北京四中8班的教育奇迹	9787515321608	36.00
★师德教育培训手册	9787515326627	29.80
★好老师征服后进生的14堂课（美国著名教师伊莉莎白“好老师”三部曲）	9787500693819	39.90
优秀班主任的50条建议：师德教育感动读本（《中国教育报》专题推荐）	9787515305752	23.00
学校管理/校长领导力		
★哈佛大学教育学院学校创新管理课	9787515369389	59.90
如何构建积极型学校	9787515368818	49.90
卓越课堂的50个关键问题	9787515366678	39.00
如何培育卓越教师：给学校管理者的行动清单	9787515357034	39.00
★学校管理最重要的48件事	9787515361055	39.80
重新设计学习和教学空间：设计利于活动、游戏、学习、创造的学习环境	9787515360447	49.90
重新设计一所好学校：简单、合理、多样化地解构和重塑现有学习空间和学校环境	9787515356129	49.00
让樱花绽放英华	9787515355603	79.00
学校管理者平衡时间和精力的21个方法	9787515349886	29.90
校长引导中层和教师思考的50个问题	9787515349176	29.00
如何定义、评估和改变学校文化	9787515340371	29.80
优秀校长一定要做的18件事（入选《中国教育报》“2009年影响教师的100本书”）	9787515342733	39.90

	书名	书号	定价
	学科教学/教科研		
	精读三国演义20讲：读写与思辨能力提升之道	9787515369785	59.90
	中学古文观止50讲：文言文阅读能力提升之道	9787515366555	59.90
	完美英语备课法：用更短时间和更少材料让学生高度参与的100个课堂游戏	9787515366524	49.00
	人大附中整本书阅读取胜之道：让阅读与作文双赢	9787515364636	59.90
	北京四中语文课：千古文章	9787515360973	59.00
	北京四中语文课：亲近经典	9787515360980	59.00
	从备课开始的56个英语创意教学：快速从小白老师到名师高手	9787515359878	49.90
	美国学生写作技能训练	9787515355979	39.90
	《道德经》妙解、导读与分享（诵读版）	9787515351407	49.00
	京沪穗江浙名校名师联手教你：如何写好中考作文	9787515356570	49.90
	京沪穗江浙名校名师联手授课：如何写好高考作文	9787515356686	49.80
★	人大附中中考作文取胜之道	9787515345567	59.90
★	人大附中高考作文取胜之道	9787515320694	49.90
★	人大附中学生这样学语文：走近经典名著	9787515328959	49.90
	四界语文（入选《中国教育报》2017年度“教师喜爱的100本书”）	9787515348483	49.00
	让小学一年级孩子爱上阅读的40个方法	9787515307589	39.90
	让学生爱上数学的48个游戏	9787515326207	26.00
	轻松100 课教会孩子阅读英文	9787515338781	88.00
	情商教育/心理咨询		
	如何防止校园霸凌：帮助孩子自信、有韧性和坚强成长的实用工具	9787515370156	59.90
	连接课：与中小学学科课程并重的一门课	9787515370613	49.90
	给大人的关于儿童青少年情绪与行为问题的应对指南	9787515366418	89.90
	教师焦点解决方案：运用焦点解决方案管理学生情绪与行为	9787515369471	49.90
	9节课，教你读懂孩子：妙解亲子教育、青春期教育、隔代教育难题	9787515351056	39.80
★	学生版盖洛普优势识别器（独一无二的优势测量工具）	9787515350387	169.00
	与孩子好好说话（获“美国国家育儿出版物（NAPPA）金奖”）	9787515350370	39.80
	中小学心理教师的10项修炼	9787515309347	36.00
★	别和青春期的孩子较劲（增订版）（入选《中国教育报》“2009年影响教师的100本书”）	9787515343075	39.90
★	100条让孩子胜出的社交规则	9787515327648	28.00
	守护孩子安全一定要知道的17个方法	9787515326405	32.00
	幼儿园/学前教育		
	幼儿园室内区域活动书：107个有趣的学习游戏活动	9787515369778	59.90
	幼儿园户外区域活动书：106个有趣的学习游戏活动	9787515369761	59.90
	中挪学前教育合作式学习：经验·对话·反思	9787515364858	79.00
	幼小衔接听读能力课	9787515364643	33.00
	用蒙台梭利教育法开启0~6岁男孩潜能	9787515361222	45.00
	德国幼儿的自我表达课：不是孩子爱闹情绪，是她/他想说却不会说！	9787515359458	59.00
	德国幼儿教育成功的秘密：近距离体验德国学前教育理念与幼儿园日常活动安排	9787515359465	49.80
	美国儿童自然拼读启蒙课：至关重要的早期阅读训练系统	9787515351933	49.80
	幼儿园30个大主题活动精选：让工作更轻松的整合技巧	9787515339627	39.80
★	美国幼儿教育活动大百科：3–6岁儿童学习与发展指南用书 科学/艺术/健康与语言/社会	9787515324265等	600.00
	蒙台梭利早期教育法：3–6岁儿童发展指南（理论版）	9787515322544	29.80
	蒙台梭利儿童教育手册：3–6岁儿童发展指南（实践版）	9787515307664	33.00
★	自由地学习：华德福的幼儿园教育	9787515328300	49.90
	教育主张/教育视野		
	重新定义教育：为核心素养而教，为生存能力而学	9787515369945	59.90
	重新定义学习：如何设计未来学校与引领未来学习	9787515367484	49.90
	教育新思维：帮助孩子达成目标的实战教学法	9787515365848	49.00
	学习是如何发生的：教育心理学中的开创性研究及其实践意义	9787515366531	59.90

书名	书号	定价
父母不应该错过的犹太人育儿法	9787515365688	59.00
如何在线教学：教师在智能教育新形态下的生存与发展	9787515365855	49.00
正向养育：黑幼龙的慢养哲学	9787515365671	39.90
颠覆教育的人：蒙台梭利传	9787515365572	59.90
如何科学地帮助孩子学习：每个父母都应知道的77项教育知识	9787515368092	59.00
学习的科学：每位教师都应知道的99项教育研究成果（升级版）	9787515368078	59.90
学习的科学：每位教师都应知道的77项教育研究成果	9787515364094	59.00
真实性学习：如何设计体验式、情境式、主动式的学习课堂	9787515363769	49.00
哈佛前1%的秘密（俞敏洪、成甲、姚梅林、张梅玲推荐）	9787515363349	59.90
基于七个习惯的自我领导力教育设计：让学校育人更有道，让学生自育更有根	9787515362809	69.00
终身学习：让学生在未来拥有不可替代的决胜力	9787515360560	49.90
颠覆性思维：为什么我们的阅读方式很重要	9787515360393	39.90
如何教学生阅读与思考：每位教师都需要的阅读训练手册	9787515359472	39.00
成长型教师：如何持续提升教师成长力、影响力与教育力	9787515368689	48.00
教出阅读力	9787515352800	39.90
为学生赋能：当学生自己掌控学习时，会发生什么	9787515352848	33.00
如何用设计思维创意教学：风靡全球的创造力培养方法	9787515352367	39.80
如何发现孩子：实践蒙台梭利解放天性的趣味游戏	9787515325750	32.00
如何学习：用更短的时间达到更佳效果和更好成绩	9787515349084	49.00
教师和家长共同培养卓越学生的10个策略	9787515331355	27.00
如何阅读：一个已被证实的低投入高回报的学习方法	9787515346847	39.00
芬兰教育全球第一的秘密（钻石版）（《中国教育报》等主流媒体专题推荐）	9787515359922	59.00
培养终身学习能力和习惯的芬兰教育：成就每一个学生，拥有适应未来的核心素养和必备技能	9787515370415	59.00
杰出青少年的7个习惯（精英版）	9787515342672	39.00
杰出青少年的7个习惯（成长版）	9787515335155	29.00
杰出青少年的6个决定（领袖版）（全国优秀出版物奖）	9787515342658	49.90
7个习惯教出优秀学生（第2版）（全球畅销书《高效能人士的七个习惯》教师版）	9787515342573	39.90
学习的科学：如何学习得更好更快（入选中国教育网2016年度“影响教师的100本书”）	9787515341767	39.80
杰出青少年构建内心世界的5个坐标（中国青少年成长公开课）	9787515314952	59.00
跳出教育的盒子（第2版）（美国中小学教学经典畅销书）	9787515344676	35.00
夏烈教授给高中生的19场讲座	9787515318813	29.90
学习之道：美国公认经典学习书	9787515342641	39.00
翻转学习：如何更好地实践翻转课堂与慕课教学（中国教育新闻网2015年度“影响教师的100本书”）	9787515334837	32.00
翻转课堂与慕课教学：一场正在到来的教育变革	9787515328232	26.00
翻转课堂与混合式教学：互联网+时代，教育变革的最佳解决方案	9787515349022	29.80
翻转课堂与深度学习：人工智能时代，以学生为中心的智慧教学	9787515351582	29.80
奇迹学校：震撼美国教育界的教学传奇（中国教育新闻网2015年度“影响教师的100本书”）	9787515327044	36.00
学校是一段旅程：华德福教师1-8年级教学手记	9787515327945	49.00
高效能人士的七个习惯（30周年纪念版）（全球畅销书）	9787515360430	79.00

您可以通过如下途径购买：

1. 书　　店：各地新华书店、教育书店。
2. 网上书店：当当网（www.dangdang.com）、天猫（zqwts.tmall.com）、京东网（www.jd.com）。
3. 团　　购：各地教育部门、学校、教师培训机构、图书馆团购，可享受特别优惠。

购书热线：010-65511272 / 65516873

英国“以学生需求为中心”的
课堂管理／教学法系列

风靡全球教育界的“五彩书” | 深受200多万教师推崇和追捧

［英］罗博·普莱文 著

7天成功的课堂管理，
让教与学直接“变现

第一分钟抓住注意力，
无聊课堂变“欢乐天堂”

助力小组合作，
掌握持久、可迁移的理解式学习

专治“问题学生”，
课堂管理“行为工具包”

让每1次对话都积极、
互动、有意义，
管理有成效

从备课开始，
到上课、说课、做课，
做一个魔法教师

基于课程标准的STEM教学设计

有趣有料有效的STEM跨学科培养教学方案

详细的教学案例

重塑学习方式

优质的课程资源

整合跨学科教学

作者：[美]826全美 著

定价：68.00元

出版社：中国青年出版社

ISBN：978-7-5153-4987-9

美国教育协会推荐10本书之一

席卷全美的教育革命，掀起全球跨学科教学风暴

斯坦福大学、加州大学伯克利分校、MIT等全球顶级名校追捧的教育新模式

北京十一学校校长**李希贵**，

中国教育学会常务副会长兼秘书长、STEM教育联盟秘书长**杨念鲁**，

北京师范大学科学传播与教育研究中心副主任李亦菲

作序并郑重推荐

名校经典课

语文取胜　读写双赢

人大附中“金牌教师”于树泉 点拨之作

传授阅读、文言文、作文取胜之道